Antropofagia

CAETANO VELOSO nasceu em Santo Amaro da Purificação, na Bahia, em 1942. Cantor e compositor, também dirigiu o filme *O cinema falado* (1986). É autor de *Verdade tropical* (1997, Companhia das Letras).

Caetano Veloso

Antropofagia

1ª reimpressão

COMPANHIA DAS LETRAS

Copyright © 1997 by Caetano Veloso

Penguin and the associated logo and trade dress are registered
and/or unregistered trademarks of Penguin Books Limited and/or
Penguin Group (USA) Inc. Used with permission.

Published by Companhia das Letras in association with
Penguin Group (USA) Inc.

*Grafia atualizada segundo o Acordo Ortográfico da Língua
Portuguesa de 1990, que entrou em vigor no Brasil em 2009.*

CAPA E PROJETO GRÁFICO PENGUIN-COMPANHIA
Raul Loureiro, Claudia Warrak

PREPARAÇÃO
Márcia Copola

REVISÃO
Valquíria Della Pozza
Jane Pessoa

Dados Internacionais de Catalogação na Publicação (CIP)
(Câmara Brasileira do Livro, SP, Brasil)

Veloso, Caetano, 1839-1908.
 Antropofagia / Caetano Veloso. — 1ª ed. — São Paulo:
Penguin Classics Companhia das Letras, 2012.

 ISBN 978-85-63560-40-7

 1. Ensaios brasileiros I. Título.

12-00714   CDD-869.94

Índice para catálogo sistemático:
1. Ensaios: Literatura brasileira 869.94

[2022]
Todos os direitos desta edição reservados à
EDITORA SCHWARCZ S.A.
Rua Bandeira Paulista, 702, cj. 32
04532-002 — São Paulo — SP
Telefone: (11) 3707-3500
www.penguincompanhia.com.br
www.companhiadasletras.com.br
www.blogdacompanhia.com.br

Sumário

A poesia concreta	7
Chico	34
Vanguarda	41
Antropofagia	47

A poesia concreta

Enquanto a reação da estudantada de esquerda era francamente desfavorável — e muitos colegas compositores torciam o nariz —, a imprensa, embora criticamente dominada por posição semelhante, tinha no espalhafato das apresentações (e nas próprias discussões que elas geravam) um prato cheio para sua produção diária de reflexão, sensacionalismo e intrigas. Nesse caso, como em outros mais frequentes do que se imagina, era exatamente sua venalidade que a salvava. Pelo menos do moralismo estreito e do tradicionalismo tacanho. Nós aparecíamos nas revistas especializadas em televisão, nas de amenidades, no noticiário cotidiano dos jornais e nas crônicas e artigos de novos e velhos jornalistas, além, é claro, de sermos citados frequentemente nas perguntas feitas pelos repórteres a outros artistas. Episódios grotescos não faltaram, como o do produtor e apresentador de TV Flávio Cavalcanti, uma figura folclórica do conservadorismo sensacionalista que comandava um programa em que um corpo de "jurados" julgava canções — sobre as quais o próprio apresentador fazia inflamados discursos de reprovação moral ou louvação sentimental —, que, forçando bastante, encontrou nas iniciais das palavras "(sem) lenço, sem documento" da letra de "Alegria, alegria" uma referência ao ácido lisérgico — (S) L, SD?! — e, portanto, uma instigação ao uso de drogas, o que o levou a repetir o gesto que executava em ocasiões semelhantes e que lhe garantia a manutenção da fama algo cômica, algo sinistra: quebrou um exemplar do disco que continha tal infâmia.

Muitas manifestações de repúdio às novidades que trazíamos se seguiriam a essa. Sempre, felizmente, em nível mais alto. E tinham como alvo nosso suposto comercialismo e, sobretudo, nosso desrespeito aos princípios do projeto estético das esquerdas, dito nacional-popular. Mas eu pude ver publicada na revista *Manchete*, entre fotografias coloridas, algumas de página inteira, uma entrevista minha em que eu declarava que "quando ouvi João Gilberto pela primeira vez, tive vontade de fazer música. Depois industrializou-se (mas não muito) um samba 'classe A' com aparatos jazzísticos e clichês políticos, o qual, à medida que ia perdendo terreno, deixava de ser um bom produto para tornar-se apenas uma ideia de defesa da pureza de nossas tradições contra todo esse lixo vendável: boleros, versões e, por fim, o chamado rock nacional. Sentia-me perdido: jamais pensara em música como produto, e não considerava o *Fino da Bossa* como a salvação de nossas tradições". E: "Nego-me a folclorizar meu subdesenvolvimento para compensar as dificuldades técnicas".

O fato de essas mostras de lucidez poderem destacar-se da banalidade predominante na revista de maior circulação no país só agravava minha sensação de frustração ante o resultado das gravações já prontas para compor o esperado disco. Eu desejara criar um objeto conceitualmente forte e de arte-final irretocável — e no fim das contas tinha de me animar a defender o que restara, apesar de tudo, de instigante num mondrongo esquálido. As dificuldades técnicas exibiam um subdesenvolvimento não folclorizado, é certo, mas eu tinha imaginado um nível de feitura que resolvesse — provisória mas satisfatoriamente — esse feixe de problemas. Tinha de contentar-me com a ousadia das ideias como única mantenedora do nível aceitável da empreitada. Não quero dizer com isso que desprezo o empenho ou a capacidade do produtor Manuel Barembein, e muito menos dos arranjadores (Medaglia, sobretudo, fez um trabalho notável). Apenas, consciente de que a unidade final dependia de minha liderança, reconheço não ter possibilitado ou exigido (o que, num caso desses, vem a dar exatamente no mesmo) que esses colaboradores chegassem a um desempenho que transcendesse todo provincianismo: mas como eu poderia, se, de todos, eu era justamente o que mais tímido e desarmado me achava dentro do estúdio? De qualquer modo, o resultado, por menos que me satisfizesse, revelava-se eficaz no ataque aos alvos cruciais mirados pela primeira inspiração tropicalista. As reações iradas, ou meramente assustadas, que surgiam na imprensa, nos auditórios e nas universidades eram prova disso.

Mas não eram somente as reações negativas que reafirmavam a pertinência de nossa posição. O conjunto dos aspectos instigantes na música ela mesma e da considerável articulação dos esboços de ideias que se encontravam em minhas entrevistas chamou, desde muito cedo, a atenção do poeta Augusto de Campos. Antes de o tropicalismo ganhar corpo e nome, Augusto, tendo ouvido Maria Odete cantar "Boa palavra" no festival da TV Excelsior, e, por outro lado, tendo lido minha intervenção num debate sobre música popular na *Revista Civilização Brasileira*, no qual eu insistia na ênfase sobre João Gilberto e preconizava a "retomada da linha evolutiva" que este representava, escreveu um artigo chamado "Boa palavra sobre a música popular", saudando minha chegada no cenário da MPB como um fato auspicioso. Alex Chacon, cheio de entusiasmo, me mostrara esse artigo no Rio. Isso foi antes de que eu assistisse a *Terra em transe*, antes mesmo de que Rogério me apresentasse a Zé Agrippino. O que é mais importante:

antes dos comentários de Bethânia sobre Roberto Carlos e a Jovem Guarda. Certamente por essa razão — mas também por eu não conhecer o nome do articulista nem encontrar nenhuma outra reação ao artigo além da de Alex — o texto me pareceu vindo de outro planeta. Eu estava preparado para a crítica ali apresentada por Augusto ao estilo enfático então ressurgente em decorrência da entrada em cena dos temas político-sociais com o advento da "canção de protesto"; e quanto à volta ao samba tradicional e ao folclore nordestino, minha declaração citada por ele ("Só a retomada da linha evolutiva pode nos dar uma organicidade para selecionar e ter um julgamento de criação") era eco de um longo artigo que eu escrevera em 65 para a revista *Ângulos*, publicação universitária de Salvador, em que ataco os nacionalistas passadistas que — liderados teoricamente pelo sociólogo José Ramos Tinhorão — tentavam desmerecer e mesmo anular as conquistas da bossa nova. Mas a revisão crítica que Augusto esboçava fazer de Roberto e Erasmo Carlos ainda me era inaceitável: eu fechava o meu artigo da *Ângulos* opondo uma facção responsável da juventude brasileira — a mesma que eu queria reconquistar das garras dos nacionalistas retrógrados para a linha evolutiva da bossa nova — àquela outra facção que tem "algumas mocinhas tão suburbanas quanto Emilinha Borba e rapazes a meio caminho entre beatle e Francisco Carlos como ídolos", identificando assim a turma da Jovem Guarda com as figuras artisticamente menos prestigiadas entre os grandes sucessos de massa do rádio brasileiro dos anos 50. Mais: de antemão eu defendia essa posição ideológica contra as possíveis recuperações críticas que tais "fenômenos publicitários" encontrassem em "frases (mais ou menos inteligentes) ditas na Europa a respeito de 'juventude' e 'ritmos alucinantes'". Além disso, o artigo de Augusto me soou um tanto acadêmico, justificando seu interesse por Roberto e Erasmo em ob-

A POESIA CONCRETA

servações tecnoestilísticas que eu não estava disponível para analisar.

O que me parece incrível, hoje, relendo esse artigo de Augusto, é que, na época do tropicalismo, eu, já tendo superado o preconceito contra a Jovem Guarda — e, afinal, fazendo, como ele fizera, uma aproximação entre João Gilberto e Roberto Carlos —, não tenha me reportado, nem mesmo íntima ou interiormente, ao aspecto profético das considerações ali expostas. A rigor, se eu tivesse lido com propriedade as consequências que Augusto tirou de minha fala, seu artigo teria sido o verdadeiro estopim de minha virada. De fato, nem *Terra em transe* nem Edgar Morin nem as insinuações de Guilherme, nem mesmo as conversas com Rogério e Agrippino, vieram a apresentar uma visão tão completa das questões que enfrentaríamos no tropicalismo. Ninguém depois de Augusto, até que o tropicalismo estivesse nas ruas, tocou com tanta precisão os pontos-chave dos problemas específicos da música popular de então. Seu artigo dizia, por exemplo, que os "nacionaloides" preconizavam um "retorno ao sambão quadrado e ao hino discursivo folclórico-sinfônico"; que eles queriam "voltar àquela falsa concepção 'verde-amarela' que Oswald de Andrade estigmatizou em literatura como triste xenofobia que acabou numa macumba para turistas [...] Foi nesse estado de coisas que chegaram a Jovem Guarda e seus líderes Roberto e Erasmo Carlos para, embora sem o saber, evidenciar a realidade e o equívoco. Para demonstrar que, enquanto a música popular brasileira, como que envergonhada do avanço que dera, voltava a recorrer a superados padrões e inspirações folclorísticos, a música estrangeira também popular, mas de um outro folclore não artificial nem rebuscado, o 'folclore urbano', de todas as cidades, trabalhado por todas as tecnologias modernas, e não envergonhado delas, conseguia atingir facilmente a popularidade que a música popular brasileira buscava, com tanto esforço e tamanha afetação populística. Cúmulo do paradoxo, já há notícia de que surgiram no Recife romances de cordel narrando o encontro do rei do iê-iê--iê nacional com Satanás, glosando o tema da música [de Roberto Carlos] 'Quero que vá tudo pro inferno'. [....] A maior parte não entendeu que o iê-iê-iê sofreu uma transformação na sua tradução brasileira, que não é, nos seus melhores momentos, mera cópia do estrangeiro. Já tive oportunidade de observar [....] que, quanto ao estilo interpretativo, os dois Carlos estavam mais próximos de João Gilberto do que muitos outros cantores atuais da música popular tipicamente brasileira (e João Gilberto, por sua vez, tem muito mais a ver com os cantadores nordestinos do que muitos ulradores do protesto nacional)".

A clareza com que Augusto via o panorama da MPB de então se mostra mais surpreendente quando penso que a impressão de distância que o tom do seu artigo me dava correspondia a uma condição real: ele não apenas era um poeta de formação erudita, como também — em parte por causa da natureza e amplitude dessa erudição, mas sobretudo pela radicalidade do experimento poético a que se dedicava desde os anos 50 — estava à margem tanto das correntes dominantes da intelectualidade brasileira quanto do mundanismo dos ambientes artístico-jornalísticos onde se discutia ou fazia música popular. Ele parecia saber se colocar com firmeza diante das questões cruciais, mas evidentemente lhe faltava a vivência da faixa em que a esquerda festiva se movia e em que circulavam as fofocas, vivência que talvez lhe tivesse dado a malandragem de linguagem que me teria conquistado à primeira leitura.

Mas há uma razão mais convincente para eu ter esquecido o artigo. É que, justamente por ser tão bem amarrado, quase esquemático, ele chegou com um roteiro pronto, um roteiro que eu não poderia enxergar se não o refizesse por minha própria conta. Não que eu te-

A POESIA CONCRETA   13

nha esquecido o artigo no sentido de negá-lo inconscientemente, como numa espécie rasteira de "angústia da influência". Na verdade eu não o absorvi propriamente e — como não conseguia discordar de seus avanços mais ousados, nem tinha noção da importância de seu autor, nem encontrei um só entre meus conhecidos que o tivesse lido — simplesmente o considerei inexistente. Assim como o distanciamento munia Augusto daquele olhar seletivo que só via o que era relevante no quadro dado, meu envolvimento dificultava uma mirada geral suficientemente objetiva — e me impedia de compartilhar com ele o seu ponto de vista. A defesa de Roberto Carlos não me chocou nem me excitou: era um tema levemente incômodo que tinha sido tocado por um desconhecido um tanto sem humor e que não parecia pesar na balança das opiniões. Tampouco me entusiasmava a simpatia ali exposta pelas minhas ideias (que eram, no essencial para o artigo, identificadas com as de Edu Lobo, que eu tanto admirava mas de quem discordava tanto quando se tratava de opiniões e teoria), já que eu cria que ninguém ia ler aquilo. Não guardei nem por um dia a página do jornal. Quando, algum tempo depois, Capinan me mostrou o livro sobre Sousândrade e pronunciou o nome dos irmãos poetas que o haviam organizado, Augusto de Campos e Haroldo de Campos, eu não só não reconheci o nome como, ainda dessa vez, não o fixei.

Augusto e seu irmão Haroldo, juntamente com Décio Pignatari, formavam o núcleo do grupo de poetas que, no meio dos anos 50, lançaram o movimento de poesia concreta, uma retomada radical do espírito modernista dos anos 20 — e das ideias de vanguarda do início do século —, contra os pudores antimodernistas e antivanguardistas que tomaram conta da poesia e da literatura brasileiras, primeiro com os romancistas regionalistas dos anos 30 e, depois, com os poetas da chamada "geração de 45".

Os poetas concretos sentiam-se em sintonia com músicos europeus como Boulez e Stockhausen, que, nos anos 50, retomavam a radicalidade da escola de Viena (sobretudo Webern), e com os pintores que seguiam os caminhos de Mondrian e Malévitch, e, levando às últimas consequências o fato de que poesia não é propriamente literatura, valorizaram os aspectos físicos da palavra, criando um tipo de poema que foi qualificado inicialmente como visual — já que, sobre o papel, a ênfase caía na tipografia, no uso da cor e dos espaços em branco — mas que eles sempre quiseram, na expressão de Joyce, "verbi-voco-visual". Conhecedores apaixonados dos movimentos pioneiros da primeira década do século — futurismo italiano, suprematismo e cubo-futurismo russos, dadá internacional etc. (com uma certa antipatia pelo surrealismo) —, eles tomaram posição bem definida em face dos modernismos dos anos 20, em face de uma história abrangente da poesia e, finalmente, em face dos roteiros que se deviam estabelecer para ela no futuro. Nesse sentido, criaram o que eles chamavam de seu "paideuma", uma seleção de autores obrigatórios na formação de uma sensibilidade nova e relevante: Mallarmé (o primeiro, com seu "Lance de dados", a pensar o poema sobre a página como uma constelação, e a usar o branco do papel como elemento estruturador); Ezra Pound (que foi quem lhes deu o conceito de "paideuma", além da aproximação com a escrita chinesa, sua monumental série de *Cantos* vista como composta à maneira dos ideogramas); Joyce (com suas palavras-montagens, a implosão da forma "romance" em *Ulisses*, e a invenção de uma translíngua em *Finnegans Wake*); Maiakóvski ("não há arte revolucionária sem forma revolucionária"); João Cabral de Melo Neto (o maior poeta brasileiro surgido depois do modernismo, pertencente, pela idade, à geração de 45, mas em tudo oposto a ela: um poeta das coisas vistas com olho lúcido e expressas em linguagem

A POESIA CONCRETA

15

seca e rigorosíssima); e. e. cummings (realizando gestos tipográficos isomórficos, fazendo até os sinais de pontuação protagonizarem lances fundamentais do poema), e Oswald de Andrade (o mais radical dos modernistas paulistas surgidos na famosa Semana de 1922), a poesia barroca (e os "metafísicos" ingleses), a poesia provençal.

O surgimento dos concretistas tinha sido escandaloso (a revista *O Cruzeiro*, de grande circulação, falou em "rock'n'roll da poesia"...). Embora contassem com a simpatia de uma figura gigantesca da poesia brasileira como foi Manuel Bandeira (mais velho que os modernistas, precursor destes e um mestre para sempre), eles encontraram forte resistência entre poetas, literatos e acadêmicos. Mas o nível de argumentação que eles sustentavam em suas respostas e defesas críticas era tão alto, sua cultura tão vasta, e sua determinação tão inabalável, que se tornaram um osso duro de roer na cena intelectual brasileira, impondo respeito mesmo onde não havia receptividade. O resultado disso foi que seus inimigos cercaram-nos com uma cortina de silêncio que era rompida de vez em quando por uma ou outra agressão desproporcional, e seus amigos tendiam a apoiá-los de modo sectário.

Quando Augusto de Campos entrou em contato comigo — acho que foi Júlio Medaglia quem, já conhecendo seu interesse por meu trabalho, lhe disse que poderia arranjar um encontro através de Guilherme Araújo —, ele me deu de presente alguns números da revista *Invenção*, publicação dirigida por ele, Haroldo e Décio (o Grupo Noigandres, como eles se autodenominavam: *noigandres* é uma palavra encontrada num poema provençal cujo sentido ainda se discute e que aparece num dos *Cantos* de Pound como indecifrável por um conhecedor a quem o poeta vai recorrer para desvendar-lhe a significação), mencionou as afinidades que via entre o que eles faziam e o que nós estávamos fazendo, e sobretudo falou de Lupicínio Rodrigues. Lupicínio foi um grande compositor, um negro do extremo Sul do Brasil — isto é, de uma área onde se pensa que a população é toda branca —, que ficara famoso por seus sambas-canções sobre mulheres infiéis e ciúmes monstruosos (no seu maior sucesso, "Vingança", ele ameaça a traidora com uma praga que, décadas depois, faria a glória de Bob Dylan: "você há de rolar como as pedras que rolam na estrada/ sem ter nunca um cantinho de seu..."), e cujas melodias tinham um caráter algo errático que lhes dava eficácia dramática e originalidade. Antes do artigo em que Augusto se referia a mim, ele escrevera um outro comparando favoravelmente a *Jovem Guarda* ao *Fino da Bossa* e, antes deste, um outro ainda sobre a poesia extremada de Lupicínio, seu realismo às vezes demasiadamente cru, o inusitado de suas composições melódicas e, principalmente, o extraordinário efeito que tudo isso alcançava quando apresentado pela voz surpreendentemente delicada do autor. Se acaso, no decorrer dessa nossa primeira conversa, algum silêncio parecia querer durar um pouco demais, Augusto recomeçava a falar em Lupicínio. Eu compartilhava do entusiasmo dele por esse compositor de quem eu sabia de cor um bom número de canções. Mas, como eu tinha admirações ainda mais intensas por alguns outros nomes da velha guarda e sabia um vastíssimo repertório de um Olimpo de autores em cujo trono central sentava-se Dorival Caymmi, essa insistência em Lupicínio me soou um pouco como uma monomania. Ao voltar para casa, comentei com Guilherme, rindo: "Ele é mesmo louco por Lupicínio Rodrigues!".

O mais curioso é que Augusto, durante nossa conversa, mencionou o artigo que eu esquecera, e eu, que logo recuperei dele uma obscura memória, fiquei um pouco envergonhado de não poder comentar detalhes. Mas creio que uma cópia dele veio junto com os artigos sobre Lupicínio e os números de *Invenção* que Augusto passou às minhas mãos. Não se pode dizer que tenha havido uma verdadeira empatia entre nós. Ele parecia mais distante do meu mundo do que o tom do artigo dele me tinha feito imaginar. Quase todas as características daquilo que, no meu ambiente, nós chamaríamos de um "careta" se encontravam naquele homem metódico, muito branco, de bigode e com um sotaque paulista imaculado. Por outro lado, nenhum traço do brilhantismo que impressionava num Glauber, num Rogério, mesmo num Ferreira Gullar, trazia um excedente de excitação à sua conversa medida e clarificadora. Sua mulher, Lygia, uma pessoa muito doce e educada — além de sintonizada intelectualmente com os interesses do marido —, sentava-se ao seu lado demonstrando uma natural devoção a ele. Tudo o que ele dizia — e com que ela concordava invariavelmente — me soava certeiro e justo, e seu apoio ao movimento em que eu me achava engajado era nitidamente sincero e notavelmente fundamentado. Mas tudo parecia vir de longe e estar destinado a permanecer despercebido num canto obscuro.

De fato, repetia-se no encontro pessoal o estranhamento já experimentado na leitura do artigo. No entanto, havia nos olhos muito míopes de Augusto, e atravessando os círculos concêntricos das lentes esverdeadas dos óculos, um raio permanentemente vindo de um ponto muito preciso de sua pessoa, um raio de doçura intacta, e de louca tenacidade na defesa dessa doçura. Isso fazia com que ele parecesse ter um direito especial de mostrar-se absorto, como os loucos, e também unia os pontos de outro modo dispersos de suas demonstrações de identificação com o que me interessava. Aquilo em seus olhos fazia dele, de repente, o menos careta de todos nós.

Os outros artigos de Augusto, mas sobretudo alguns poemas e textos introdutórios da revista *Invenção*, contribuíram para que eu entendesse o sentido profundo dessa nossa aproximação. Um desses textos especialmente — um quase-manifesto escrito por Décio Pignatari — pareceu expressar exatamente minhas preocupações. E no mesmo tom. Num tom que seria o meu se eu pudesse escrever aquilo. Havia algo de simplista nos artigos de Augusto escritos para ser entendidos por leitores de jornal que assistiam a festivais de música popular na televisão, mas esse texto escrito por Pignatari, tendo sido escrito para a bela revista de poesia que eles faziam circular a intervalos irregulares, era ao mesmo tempo complexo, sugestivo e extraordinariamente convincente. Era um texto para circular entre eruditos, mas eu, se pudesse, o poria sem modificações na contracapa do meu disco. Tratava-se de mais uma defesa dos postulados concretistas contra as investidas sociologizantes dos nacionalistas. Era uma crítica à folclorização mantenedora do subdesenvolvimento, e uma tomada de responsabilidade pelo que se passa no nível da linguagem por parte daqueles que trabalham diretamente com ela. Contrapunha à imagem do pescador de chapéu de palha e rede às costas, que era o símbolo da Editora Civilização Brasileira, o alerta para o fato de que, em países desenvolvidos, pescava-se com sonar e barcos bem equipados. E, respondendo ao poeta Cassiano Ricardo, um ex-modernista que chegara a colaborar com eles mas agora dizia esperar que eles "afrouxassem o arco", Décio encerrava o artigo (todo costurado pela conjunção *e* na sua forma latina de uso comercial, &) insistindo em que eles, os concretos, manteriam "o arco sempre teso" pois "na geleia geral brasileira alguém tem de fazer o papel de medula & de osso".

A imagem do arco teso e a expressão "geleia geral" (um trocadilho com "geleia real" que soa de fato engraçado) ficaram em minha mente e delas falamos muito em nossas conversas no 2002 (este era o número do nosso apartamento; pouco tempo depois Décio Pignatari brincaria com isso, sugerindo que o número se referia ao ano seguinte ao 2001 do filme de Kubrick). A expressão "ge-

A POESIA CONCRETA   19

leia geral" foi parar numa letra tropicalista de Torquato
Neto para uma música de Gil (e no título de uma coluna
assinada por Torquato na imprensa carioca na década
seguinte), e a imagem do "arco teso" reapareceu explicitamente numa canção minha dos anos 70 e foi uma presença difusa por sob as palavras de muitas das minhas
composições e declarações esses anos todos.

O 2002, com sua boneca de fibra de vidro e seus
móveis de acrílico transparente, tornava-se mais e mais
animado. Gil estava sempre por lá. Assim também os
Mutantes e, naturalmente, Guilherme, que morava dois
andares abaixo. Zé Agrippino e Maria Esther apareciam
de vez em quando. Waly e Duda vieram do Rio e estavam morando conosco. Eu os ouvia muito. Duda sobretudo continuava a ter enorme ascendência sobre mim.
Eu considerava que o que eu fazia era algo útil, porém
intelectualmente menor, se comparado ao que eles, muito mais cultos e muito mais adestrados mentalmente, vi-
riam a fazer. Dedé brincava dizendo que eles eram nossos consultores. Achávamos bom que o dinheiro que eu
ganhava desse para manter um apartamento amplo que
podia acolhê-los, enquanto eles próprios não faziam os
filmes e os livros que poderiam fazer de nós uma geração
marcante na história da cultura brasileira. Conversávamos até altas horas da madrugada bebendo cerveja e eu
e Dedé nos orgulhávamos de que nossa casa fosse uma
permanente promoção de saraus inesquecíveis. As revistas, os livros e os artigos que Augusto me dava circulavam entre os membros dessa comunidade. E o perfil dos
concretistas ia se tornando mais nítido para mim. Eles
próprios — porque Augusto me apresentara a Haroldo e Décio — passaram a frequentar o 2002 com certa
assiduidade. Suas visitas, no entanto, eram de natureza diferente das feitas por Agrippino, os Mutantes, Gil
ou mesmo Rogério e Hélio Oiticica (a quem finalmente
fui apresentado, numa ida ao Rio, pela espantosamen-

te antenada jornalista Marisa Alvarez Lima): os poetas concretos telefonavam antes, marcavam hora, enfim, cumpriam as formalidades ditas burguesas, enquanto os desbundados entravam e saíam de nossa casa sem aviso, como se vivêssemos em regime comunitário. Essa é uma das marcas distintivas entre os românticos irracionalistas e os descendentes hiper-racionais dos simbolistas.

Aos poucos eu ia ligando os pontos das informações fortuitas que tivera a respeito dos concretos ao longo dos anos. Dedé lembrava claramente das referências a eles feitas pelo professor Yulo Brandão em seu curso de estética, quando ela estudava dança na Universidade da Bahia. Mas eu não lembrava sequer de ter ouvido a expressão "poesia concreta". Eu tinha guardado o nome de Décio Pignatari daquela conversa com Boal numa festa do elenco do *Zumbi*, em 65. Mas os nomes dos irmãos Campos foram esquecidos imediatamente após serem ouvidos quando Capinan me mostrou o livro sobre Sousândrade. Lembro de ver, encantado, um poema de e. e. cummings publicado em Salvador no suplemento cultural do *Diário de Notícias*, suplemento que Glauber dirigia no início dos anos 60. A tradução para o português devia ser de Augusto, que é só quem traduziu cummings no Brasil, que eu saiba (com a rigorosa supervisão do autor através de longa troca de cartas), mas se seu nome estava impresso naquela página, não o gravei. Já nos anos 70, ouvi Glauber dizer que "começara concretista", numa referência a seu primeiro filme, um curta-metragem chamado O *pátio*, cujo "formalismo", segundo ele, o desinteressou quando se viu em meio a gente miserável na aldeia de pescadores onde, pouco tempo depois desse curta, foi filmar *Barravento*. Mas nem nas páginas do suplemento que ele dirigia, nem em nenhuma de suas declarações públicas da nossa fase soteropolitana, ouvi ou li dele uma só vez que fosse a expressão "poesia concreta" ou os nomes de seus inventores. Eu fora, sem

A POESIA CONCRETA   21

embargo, influenciado indiretamente por eles, pois, aos vinte anos, em Salvador, eu fazia uma ligação entre João Gilberto, o cool jazz, os poemas de João Cabral, a arquitetura de Niemeyer em Brasília e o uso de letras tipo "futura" sobre generosos espaços brancos nas páginas do suplemento cultural do *Diário de Notícias*. E os espaços brancos e os tipos "futura" eram a marca registrada da obra dos concretistas.

Agora, eu absorvia com grande presteza o sentido do trabalho deles. Gostava de reconhecer nos poemas a complexidade que, muitas vezes, à primeira vista eles não pareciam ter. Pequenos ovos de Colombo, eles poderiam parecer ao mesmo tempo demasiado óbvios e demasiado artificiosos, mas em muitos deles tinha-se de fato a experiência, defendida teoricamente pelo grupo (segundo Mallarmé), de "subdivisão prismática de uma ideia". E em todos a aventura de abandonar radicalmente a sintaxe discursiva. Além disso, o arsenal crítico de que eles muniam o jovem leitor de suas publicações, as traduções (que Haroldo prefere chamar de "transcriações") de autores e obras que lhes parecessem essenciais (alguns *Cantos* de Pound, poemas de Mallarmé, os "metafísicos" ingleses, os trovadores provençais, trechos escolhidos do *Finnegans Wake*, cummings, poesia japonesa etc.), e sobretudo uma alternativa crítica à visão da história da literatura brasileira que a tem como inevitavelmente periférica e desimportante — tudo isso fazia dos números da revista *Invenção*, dos livros que eles nos davam e das conversas com eles algo instigante e animador.

Haroldo e Décio não transmitiam a mesma impressão de distância que Augusto sempre me deu. Décio sobretudo — com seu sotaque paulistano italianado (isso, em São Paulo, significa popular: mesmo os negros e os judeus — e até alguns nisseis — de São Paulo têm sotaque italiano), seu brilhantismo agressivo e sua vivência entre publicitários e estudantes de comunicação — era alguém naturalmente próximo. Magro e narigudo, bigode e cabelos encrespados, ele tinha um ar de sátiro. E uma esperteza mundana no falar que me deixava totalmente à vontade. O que eu disse sobre seu texto na revista *Invenção* serve para seu convívio pessoal. Suspeito que as mesmas ideias defendidas por Augusto no artigo que Alex pôs em minhas mãos, se expostas por Décio e no seu estilo, teriam me conquistado imediatamente, como Bethânia conquistou minha atenção para a Jovem Guarda com um simples comentário.

Haroldo, gordo e de voz metálica, sem italianismos que manchassem a pureza de seu sotaque paulistano, animava a sala com seu exuberante misto de rigor e bonomia. Ele não deixava a conversa cair e exibia seu domínio da língua e sua imensa erudição sem parecer pedante ou deixar os ouvintes — por menos cultos que fossem — de fora. Augusto, tendo ido mais longe do que qualquer outro sem sair do seu tom isento e comedido, tinha me levado a pensar que o brilhantismo de Rogério, de Glauber, de Waly — o meu próprio, que eu tendia à eloquência se o interlocutor não me intimidava — talvez se devesse a um narcisismo que antes dificultava do que iluminava o acesso a ideias pertinentes e descobertas substanciais. Eis que seus dois companheiros sofriam do mesmo mal. Mas bem cedo vi que as coisas não são simples assim. Augusto sem dúvida — como Capinan, como Cacá Diegues — parecia desprovido desse prazer narcísico no conceber as ideias e no proferir as palavras. (A bem dizer, era como se em nenhum momento de sua formação ele tivesse ouvido o canto de sereia contido na palavra romântica *gênio*; ao contrário de Glauber, ele não fazia pensar no verso horroroso de Castro Alves: "Eu sinto em mim o borbulhar do gênio".) E há inegável indulgência na fruição do próprio ego no elenco em que me incluí. Mas a excelência dos resultados — e mesmo a confiabilidade dos propósitos — não pode ser aferida

A POESIA CONCRETA

dessa tipologia, porque não se dá na razão direta dessas diferenças. Augusto simplesmente — o que afinal é mais coerente com o programa concretista — não tinha gosto pela retórica. Não deixava de ser curioso, contudo, que, desse grupo de poetas de vanguarda que nos procurou, o mais próximo de mim fosse justamente o mais distante.

Passei a frequentar também a casa de Augusto. Ele, a mulher Lygia e o filho Cid, então ainda um menino (Roland, o filho mais velho do casal, era arredio e nunca participava das conversas na sala — hoje é astrofísico e realiza pesquisas na Universidade de Brasília), quase sempre Haroldo, acompanhado de sua mulher Carmen, e, mais raramente, Décio, nem sempre com sua mulher Lila, mais Torquato ou Gil ou algum dos músicos de vanguarda (Rogério Duprat era o mais assíduo), além de mim e de Dedé, formávamos um grupo conversador na sala visualmente limpa do apartamento nas Perdizes. Alguns poemas visuais em grandes tipos "futura" enquadrados nas paredes, uma boa reprodução da *Grande Jatte* de Seurat e um quadro de Volpi, além de alguma coisa dos pintores "concretos" de São Paulo, davam a sensação de uma sensibilidade a um tempo aberta e meticulosa. O gosto pelas formas geométricas e pelo acabamento definido refletia antes delicadeza de espírito do que contração neurótica: sendo uma sala viva e aconchegante, porosa e arejada, era uma prova singela de que Mondrian e Bauhaus, formalismo russo e tipografismo americano não desembocam necessariamente em escritórios de executivos e agências de publicidade.

Ali ouvíamos Charles Ives, Lupicínio, Webern e Cage, e falávamos da situação da música brasileira e dos festivais. Nós, os jovens tropicalistas, ouvíamos muitas histórias de personagens do movimento dadá, do modernismo anglo- -americano, da Semana de Arte Moderna brasileira e da fase heroica da poesia concreta. Trocávamos opiniões com naturalidade, sem que a grande diferença de volume de conhecimentos (e de aptidão mental para lidar com eles) fosse motivo para constrangimentos. É uma experiência brasileira que representa motivo de orgulho, pois a confusão da alta cultura com a cultura de massas, tão característica dos anos 60, pôde, nesse caso, produzir frutos substanciais, e, no refluxo da onda — quando todo o mundo sentiu necessidade de voltar às antigas classificações —, os sujeitos envolvidos conseguiram, apesar de alguns episódios dolorosos, manter o diálogo, e as amizades essenciais foram poupadas. Meu entendimento com Augusto de Campos, sobretudo, talvez por ser o potencialmente mais difícil, tem mostrado uma resistência considerável.

O tom com que escrevo as palavras deste livro deve revelar ao leitor atento um misto de respeito — quase reverência — e sem-cerimônia em face dos assuntos sérios, dos temas nobres e dos estilos superiores. Essa mesma mescla — em dosagens às vezes desequilibradas — já era um traço meu quando, adiando estudos e uma carreira de cineasta, eu cumpria (com prazer) o papel de ídolo de TV, em nome da paixão pela "linha evolutiva" da nossa música popular. Minhas opiniões sobre autores célebres, expressas de modo às vezes desabusado, eram acolhidas com benevolência por esses professores: eles estavam excitados por ver em nós a encarnação de tantos dos seus argumentos. Mas eles nunca agiram de forma condescendente, e os erros que eu (mais que todos) cometia por ignorância afoita eram sempre apontados com delicadeza mas com decisão. De todo modo, eu era sempre mais extrovertido e opinioso se Décio e Haroldo e toda a turma de baianos e tropicalistas estivessem presentes do que se me visse só com Augusto.

A espantosa concordância de nossas posições com as ideias deles — e a natural união contra os ataques inimigos — retardavam o confronto das diferenças e eventuais discordâncias. Ou mesmo o esclarecimento de dúvidas. Darei um exemplo que à época já se me apresentava como

A POESIA CONCRETA

tal: a semelhança apontada por Augusto, em conversas e, depois, num artigo escrito em 69, entre o nosso trabalho e a poesia dos trovadores provençais. A ênfase caía sobre a adequação das palavras à música. Ora, eu vinha sendo, continuaria a ser e ainda sou um caymmiano na ótica de João Gilberto. Achava que em Caymmi a palavra cantada recebia o tratamento mais alto que se pode conceber: sempre espontânea, revelava, não obstante, ter passado por um crivo severo. As canções de Caymmi parecem existir por conta própria, mas a perfeição de sua simplicidade, alcançada pela precisão na escolha das palavras e das notas, indica um autor rigoroso. São o que as canções devem ser, o que as boas canções sempre foram e sempre serão. Um canto tuva, um Lied de Schumann, uma balada de Gershwin, a "Like a sick eagle" de Ives, têm que se confrontar com "Sargaço mar", "Lá vem a baiana" e "Você já foi à Bahia": são todas incursões no essencial da realidade da canção. Foi assim que João Gilberto entendeu a "Rosa morena" de Caymmi, por ele eleita como tema para a construção do estilo que veio a se chamar de bossa nova. Foi assim que o grande esforço de modernização de João se apoiou na modernização sem esforço de Caymmi. A um tempo impressionista e primitivo, mas também o maior dos inventores do samba urbano-moderno, Caymmi tem pelo menos tanto peso na formação da bossa nova joãogilbertiana quanto Orlando Silva, Ciro Monteiro, a canção americana dos anos 30 e o cool jazz. E, mais do que peso equivalente, Caymmi tem, acima desses outros componentes, o caráter normativo geral, a hegemonia estética do estilo de João. Tudo em João presta contas a ele: do senso de estrutura à dicção.

Esse cultivo da palavra cantada que encontra excelência em Caymmi tal como ele foi ouvido por João é o filtro seletivo da bossa nova: produziu a guinada na música de Tom e na poesia de Vinicius. E era tudo o que de mais exigente eu podia conceber em termos da "arte de combinar palavra & som", como explicava Augusto o "motz el som" provençal de Pound. Era também o que Chico Buarque buscava (e frequentemente encontrava) na perseguição da beleza que ele adivinhou nas letras de Vinicius: diferentemente do que fazia Edu Lobo ou Marcos Valle — e diferentemente do que fariam Milton Nascimento e os mineiros alguns anos depois —, Chico se agarrava à pureza dessa linha, sem mostrar receptividade às exterioridades falsamente modernizantes vindas, fosse do Beco das Garrafas, fosse dos espetáculos do Arena. Ele trabalhava exclusivamente com os elementos que eu tentara (quase sempre em vão) preservar intactos em nossa produção, desde o LP de Bethânia. Por trás da rivalidade entre mim e Chico, deve-se procurar ver a grande identificação. O tropicalismo veio para acabar com os resguardos, mas, se havia alguma coisa que eu próprio tinha querido resguardar, era exatamente o que Chico continuaria cultivando e polindo. Assim, era-me difícil aceitar sem perguntas a afirmação de que em nossas ruidosas letras tropicalistas é que se produziam equivalentes do "trobar ric" do "miglior fabro" Arnaut Daniel.

As primeiras leituras dos provençais traduzidos por Augusto, embora revelassem uma beleza e uma engenhosidade impressionantes, não esclareciam por que, por um lado, eles eram o ápice da história da palavra cantada, nem, por outro, por que, entre nós, não era Caymmi (ou Chico) quem mais se aproximava deles, e sim Gil e eu. Ou por outra: os exemplos dados por Augusto eram de todo convincentes do nosso parentesco com esses poetas, mas não de que as nossas canções e as deles subissem mais alto que as de Caymmi no item "motz el som". Relendo a entrevista que Augusto fez comigo em 68, fiquei chocado com a observação feita por ele de que minha canção "Clara" — cujo parentesco com os procedimentos dos provençais é nítido — tinha "uma limpeza, uma enxutez, que não há em Caymmi": essas virtudes sempre me pareceram virtudes caymmianas por excelência. A limpeza e a enxutez de João Gilberto foram aprendidas com Caymmi, vêm dele. Não posso negar que, com o passar dos anos, a releitura dos provençais — mais as muitas outras leituras e audições de coisas muito outras — me levou a perceber melhor o sentido das apreciações de Augusto. Entendi cada vez mais claramente que ele, dedicado a estar sempre avaliando um vasto mundo diversificado de experiências com palavras e sons, desenvolvera um ouvido com exigências por vezes de natureza diferente da natureza daquelas que eu mesmo alimentava. Mas minha opinião sobre Caymmi não mudou. E considero significativo que, tal como acontecera com Boal, e embora no caso dos concretos não tenha havido discórdia, Caymmi tenha sido o ponto em que as diferenças de visão não puderam mais deixar de se perceber.

Um dos meus escrúpulos mais resistentes tem sido, desde esses tempos referidos como heróicos, o de submeter todas as minhas pretensões à pergunta: em que medida a oportunidade que se me ofereceu de brilhar como grande figura na história recente da MPB se deve à queda de nível de exigência promovida pela mesma onda de ostensiva massificação que eu contribuí para criar? Augusto — ao contrário dos meus colegas compositores, que temiam uma regressão ao primarismo — via no que fazíamos uma supersofisticação. E apontava isso em duas frentes: no aspecto paródico-carnavalesco e no aspecto inventivo-construtivista. Eu achava que, mais do que atentado para os meus conseguimentos, ele tinha lido meus sonhos. E eu não tinha dúvida de que os sonhos de Carnaval estavam mais reconhecíveis nas realizações do que os de sólida construção formal. Havia um vazio entre o resgate por Augusto e a rejeição pelos colegas que não podia ser preenchido pelo sucesso popular nem pela notoriedade culturalmente escandalosa. Augusto por vezes contava que Erik Satie, sem poder competir com

Debussy em invenção harmônica, optara pelo avesso da música. E concluía que, do mesmo modo, os tropicalistas tinham optado pelo avesso da bossa nova.

O elo perdido se apresentou como que miraculosamente. Augusto, tendo ido a Nova York para algum evento ligado à sua produção poética, falou pessoalmente com João Gilberto e este não só demonstrou total ausência de preconceito contra os tropicalistas como carinho e interesse pelo grupo e seus planos. A narração desse encontro, aliás, resultou numa reportagem que é a única aventura de Augusto na prosa narrativa. Uma verdadeira pequena obra-prima de concisão em que João aparece retratado como nunca antes ou depois. Esse belo texto veio a integrar o livro *Balanço da bossa*, cuja capa — uma montagem de fotografias em que João parece estar me olhando do alto, enquanto estou sentado no chão do palco — ecoa o recado que Augusto traria dele para mim: "Diga a Caetano que eu vou ficar olhando para ele".

Na defesa ostensiva dos tropicalistas, Augusto deixava ver não apenas como se desenvolvera sua combatividade mas também como esta mesma combatividade criara-lhe limitações. Muitas dessas limitações eram assumidas como uma escolha lúcida. Assim, ele dizia com frequência que não era, não podia e não queria ser "imparcial". Ao contrário, aprendera desde a fase heroica do concretismo que tinha de ser parcialíssimo. A impermeabilidade a nuances que o ideário concretista exibia, sua decisão de bater na mesma tecla de valorização das atitudes de vanguarda, em detrimento de uma exibição mais autocomplacente da abrangência e do refinamento da inteligência de seus líderes, rendeu-lhes a censura de "monológicos" por parte de seus detratores. Li de algum destes últimos a observação de que o pensamento dos concretos levava a conclusões esdrúxulas como, por exemplo, a de que "Lewis Carroll é melhor do que Dostoiévski". Augusto, Haroldo ou Décio nunca se deixaram impressionar por argumentos desse tipo, sempre mantendo a ênfase no experimentalismo como um contrapeso do conformismo mediocrizante. Havia, no entanto, alguma coisa nas argumentações de Augusto que eu cria apontarem para um problema para mim não resolvido — talvez insolúvel — em toda vanguarda. Esse problema diz respeito ao progresso nas artes. Não que os concretistas parecessem não atentar para ele. Haroldo de Campos sempre procurou deixar bem claro, em seus textos teóricos, que a poesia concreta se lança a uma "superação crítica" relacionada a um "vetor" que tem tudo a ver com as exigências do tempo e nada a ver com juízo de valor. Mas nem por isso estava para mim dada a questão por encerrada.

O que me parecia uma fraqueza nas observações tanto de Augusto quanto de seus amigos músicos de vanguarda era a inserção de João Gilberto na linhagem de Mário Reis, cantor de sucesso nos anos 30, cuja voz pequena ficou de moda com o advento dos microfones modernos. Mário cantava quase falando, em staccato, às vezes separando as sílabas das palavras, numa relação regular com as barras rítmicas, sem usar adornos de espécie alguma. É claro que eu reconhecia a identificação exterior com João, na desdramatização e no pouco volume. Mas João é um cantor de grandes legati, de fraseado flutuante e de incríveis jogos rítmicos. Seu estilo vem de Orlando Silva, o grande modernizador do canto brasileiro. A voz potente (mas sempre usada com natural suavidade) e os ornamentos de Orlando levam muitos ouvintes a andar em erro julgando que João está afastado dele. Sem dúvida, João revaloriza também Mário Reis, e há (como me lembrou o cineasta Júlio Bressane), nos dois casos, a obsessiva fidelidade a um mesmo repertório sempre revisitado e que cresce a conta-gotas. Há um "minimalismo" que os aproxima. Mas num certo sentido João é o anti-Mário: fazendo de sua voz um instrumento entre outros, ele é, como Orlando, um supercantor, enquanto Mário, com sua recusa de entregar-se às melodias, tira seu charme de ser um sub-cantor ou anticantor. Dava-me a impressão de que algo do modo como esses vanguardistas de São Paulo ouviam a bossa nova era superficial. A seleção mesma que Augusto fazia dos exemplos no repertório da bossa nova indicava uma discrepância entre nossos gostos. Sempre mais apai-xonado pela religação feita por João Gilberto entre a pon-ta da modernidade e a melhor tradição brasileira — que foi o que fez a grande diferença da bossa nova em compa-ração à americanização algo tola dos seus predecessores dos anos 40 e 50 (e de alguns de seus supostos seguidores dos 60 em diante) —, eu via em "Chega de saudade" a canção-manifesto e a obra mestra do movimento: a nave--mãe. Um samba com algumas características de choro, riquíssimo em motivos melódicos, de aparência tão brasi-leira quanto uma gravação de Sílvio Caldas dos anos 30 (e com uma introdução de flauta inspirada numa grava-ção de Orlando Silva), "Chega de saudade" era ao mesmo tempo uma canção moderna com ousadias harmônicas e rítmicas que atrairiam qualquer jazzista bop ou cool (como de fato vieram a fazer). Por outro lado, o título e a letra sugeriam uma rejeição/reinvenção da saudade, essa palavra que é um lugar-comum na lírica luso-brasileira e um emblema da língua portuguesa, pois, além de ser um acidente etimológico inexplicado, cobre um campo semântico revelador de algo peculiar em nosso modo de ser. Uma luxuriante composição cheia de lugares-comuns incomuns (para usar uma expressão do próprio Augusto — ou talvez seja de Décio —, extraída de outro contexto) e de novidades que soavam como atavismos — ou experi-mentações que pareciam lembranças —, essa canção era o exemplo generoso daquilo que Tom, João, Vinicius e Cia. queriam oferecer, e continha todos os elementos que esta-riam dispersos nas outras. Ela era o regime geral da bossa nova, o mapa, o roteiro, a constituição. Pois Augusto, ao

A POESIA CONCRETA   31

comentá-la brevemente, destaca apenas a paronomásia "colado assim, calado assim", como sendo o que havia de interessante numa canção de outro modo convencional. Na verdade, esse momento em que a melodia de Jobim se lança mais a intervalos inusitados, e a letra de Vinicius também se mostra formalmente "inventiva" (conscientemente inventiva), contém em si o "Desafinado" e o "Samba de uma nota só". Mas, tanto para Augusto como para os músicos de vanguarda paulistas, estas duas últimas é que eram as "canções-manifestos" do movimento, as que mais abrangentemente o representavam. É preciso notar, no entanto, que Augusto não se dedicou a escrever sobre a bossa nova: o breve comentário de "Chega de saudade" está relatado num artigo de Brasil Rocha Brito como trecho de uma entrevista. Ele escreveu sobre pós-bossa nova: *Jovem Guarda, Fino da Bossa,* tropicalismo. E o fez de modo tão lúcido e oportuno que é de se crer que se ele tivesse parado para escrever sobre bossa nova nenhum dos seus aspectos essenciais lhe teriam escapado. Mesmo porque, até o engano em relação à questão Mário Reis ou Orlando Silva tinha sido superado por José Lino Grunewald, o braço carioca da poesia concreta, poeta, tradutor dos *Cantos* (completos) de Pound e amante da música popular dos anos 30. Augusto certamente o ouviria e reouviria Orlando, Mário, Sílvio Caldas e muitos mais, antes de sentar-se para escrever. "O velado de João Gilberto", escreveu Grunewald, "vem de Orlando Silva, não de Mário Reis."

Augusto formulou, anos depois, no prefácio a um livro de traduções de Ovídio a Rimbaud, a ideia da poesia como "uma família dispersa de náufragos bracejando no tempo e no espaço". Apesar de, nesse mesmo texto, Augusto dizer que "o antigo que foi novo é tão novo quanto o mais novo novo", como que a indicar apenas que ele se filia a uma milenar linhagem de vanguardistas, sempre senti que, subjacente ao critério do avanço, está a visão sincrônica. Isto não é nenhuma descoberta: em textos tão claros e tão entusiasmados quanto os que apontam para uma estética do "novo", os concretistas (sobretudo Haroldo) defenderam uma crítica de mirada sincrônica, trans-histórica. O que eu quero dizer é que esse aspecto do aparato teórico deles me atraiu mais e me pareceu mais profundo neles mesmos do que a paixão da novidade. É como se a campanha do novo não fosse senão uma estratégia de manutenção da altura do nível de exigência. As rupturas modernistas podem ser explicadas de diversos ângulos, mas é inegável o caráter de revitalização do acervo amado embutido em muitas atitudes aparentemente destrutivas. Stravinsky e Schönberg parecem empenhados em que ouçamos Bach com melhores ouvidos e não em que deixemos de ouvir Bach para passar a ouvi-los apenas a eles. Se arriscarmos olhar bem fundo, talvez cheguemos à conclusão de que os modernismos representaram antes uma luta contra a iminente obsolescência de um passado belo em via de banalizar-se; de que nunca, como no modernismo, a arte foi tão profundamente conservadora. A luta era, foi, é sobretudo contra o academicismo. O artista, aristocrata supremo, não poderia submeter-se à vulgarização burguesa que queria distribuir fórmulas prontas, usáveis por qualquer um, para se consumir e produzir arte. Era preciso mostrar que a arte é terrível e que é difícil: você não pode passar incólume por Velásquez, por Mozart ou por Dante. Mas a tensão entre esse aristocratismo (que no limite terminaria por negar o próprio trabalho do grande artista moderno) e a necessidade de afirmar-se o modernista como um produtor novo de objetos artísticos de primeira linha (o que, em última instância, levaria à defesa do futuro burguês e popular e da disparada tecnológica) é que produziu toda a gama de movimentos do final do século XIX ao início do século XX, dos impressionistas aos expressionistas, dos construtivistas aos surrealistas, de

Marinetti a dadá, de Duchamp a Mondrian. Como quer que seja, eu, um mero cantor de rádio, mimado (mas não muito, que eles são realmente responsáveis e consequentes) por esse bando de eruditos, via-me metido numa guerra que exigia definição quanto a essas questões tão abrangentes, e isso me excitava. Parecia-me que eu estava realizando aquele programa de ser poeta por outras vias que não as do poema impresso. Aliás, não estava longe de confirmar essa ilusão Augusto ao dizer que o que havia de interessante em poesia brasileira — a "informação nova" — tinha migrado das páginas dos livros para as vozes da canção popular. E, mais provocadoramente ainda, que Villa-Lobos era um "diluidor" em sua seara, enquanto Gil e eu éramos "inventores" na nossa.

Chico

Augusto escreveu alguns artigos sobre nosso trabalho e os foi publicando em jornais de São Paulo, no calor da hora. Depois ele os reuniu no livro *Balanço da bossa*, ao lado de ensaios dos seus amigos músicos eruditos sobre a bossa nova. Eu me orgulhava da atenção que tínhamos despertado neles. Mas, se por um lado eu entendia e admirava a parcialidade de Augusto, por outro, as sutis diferenças que havia entre nós não me permitiam aderir sem reservas a todas as suas posições. Ou melhor: me resguardaram de tomar suas discriminações como dogmas. Sua versão da oposição inevitável entre o que fazíamos e o que Chico vinha fazendo, por exemplo, embora me parecesse basicamente correta e fosse exposta sempre em termos conscienciosos e equilibrados, nunca abalou meu amor especial pelo estilo, pela pessoa ou pela importância histórica de Chico Buarque. E Augusto sempre respeitou essa obstinação que muitas vezes chegou a ser explicitada em conversas. De todos os tropicalistas, Gil era o que mais firmemente mantinha a clareza exigida em relação a isso. E muitas vezes conversávamos os dois a respeito. Nós sabíamos que grande parte da MPB reagira mal ao que estávamos fazendo: Edu Lobo, Francis Hime, Wanda Sá, Dori, Sérgio Ricardo e, mais que todos, Geraldo Vandré, mostravam-se meio irritados, meio decepcionados conosco. Não esperávamos que

Chico tivesse uma posição substancialmente diferente. Mas *ele* era diferente para nós. Por um lado, as opiniões dos outros não tinham tanto peso para nós quanto as de Chico; por outro, eles não estavam sendo confrontados conosco — sobretudo comigo — como Chico estava. Este, portanto, se encontrava mais perto de nós. Minha primeira lição sobre as armadilhas da imprensa se deu exatamente por causa disso. Uma moça simpática, entrevistando-me para a revista *InTerValo* (o T e o V maiúsculos indicavam ser uma publicação especializada em televisão), perguntou-me como eu via a diferença entre mim e Chico. Eu, estimulado pela oportunidade — e crendo que minha "aula" ia ser publicada —, expliquei-lhe que o que eu fazia era expor o aspecto de mercadoria do cantor de tv. Que tanto eu quanto Chico estávamos dizendo muitas coisas com nossas canções, mas que, do ponto de vista da televisão, eu era um cara de cabelo grande e Chico um rapaz bonito de olhos verdes; e que quanto mais desmascarado estivesse esse jogo, mais nossas canções e nossas pessoas estariam livres. Poucos dias depois saiu a reportagem com minha declaração sumária de que "Chico Buarque não passa de um belo rapaz de olhos verdes".

Tom Zé, que nunca fora um bossa-novista (eu o convidara a vir de Salvador exatamente por perceber que seu talento satírico e seu adestramento teórico-musical lhe assegurariam um lugar no programa tropicalista), não tinha esses cuidados com Chico Buarque. Perguntado num programa de televisão sobre o confronto tropicalistas versus Chico, respondeu que, de sua parte, respeitava muito Chico Buarque "pois ele é nosso avô". Lembro de, ao ser informado dessa história (pois eu não tinha tv em casa), rir às gargalhadas com Guilherme, comentando o fato de eu ser dois anos mais velho do que Chico — e Tom Zé seis anos mais velho do que eu. Eu não achava que devia procurar Chico para explicar a matéria da *InTerValo* (antes do tropicalismo já não nos estávamos vendo quase nunca), por outro lado, não queria policiar as falas públicas dos meus colegas. Tive algumas discussões com Torquato por causa disso (ele estava se tornando um tropicalista sectário), mas, na verdade, eu não me preocupava demasiadamente: minha confiança em que nossa intervenção resultaria bem para todos era total; mais cedo ou mais tarde, Chico (e todos os outros) saberiam que não havia nem hostilidade contra eles nem ambições comercialescas no nosso projeto. Eu estava mais certo disso então do que estou hoje. Além do mais, Chico fora, como já contei, convidado por Gil para reuniões esclarecedoras dos nossos novos propósitos, e não lhe dera ouvidos.

Um episódio, no entanto, me pareceu inaceitável. Já no final de 68, Gil estava com Sandra, a irmã de Dedé com quem ele começava um namoro, numa frisa do Teatro Paramount, onde se realizava uma eliminatória do festival da Record daquele ano. Um grupo de pessoas na plateia recebeu a entrada de Chico no palco aos gritos de "superado!, superado!". Gil comentou com Sandra que aquilo era inadmissível. Levantou-se e investiu contra os manifestantes. Um jornalista quis ver — e assim publicou depois no seu jornal — que Gil havia liderado uma vaia ao Chico. Não li essa notícia e creio que Gil tampouco a leu. Ouvimos falar no assunto com um certo atraso. Hoje todo o mundo que escreve sobre os acontecimentos de então se compraz em dizer que havia dois lados que se confrontavam nesses festivais: um a nosso favor, outro a favor de Chico. As coisas não eram assim. Nós éramos sistematicamente vaiados pelos apoiadores de Chico, mas ele — com exceção desse esboço de agressão verbal que Gil, para seu infortúnio, tentou conter — nunca foi vaiado pelos nossos, que não chegavam a ser um número perceptível numa plateia. Chico fez publicar um protesto contra a possível atitude de Gil. Desde o primeiro momento eu me indignei. Gil achou tudo de um absurdo imenso, mas não quis procurar Chico para desfazer o mal-entendido. Ele achava, entre outras coisas, impossível que Chico acreditasse na versão que chegou até ele. E depois disso os acontecimentos se desencadearam de forma tão dramática, em tão pouco tempo, que não me foi possível convencer Gil de agir com firmeza nesse caso. Nunca me conformei com isso, e ainda hoje me indigno com os historiadores do período, que contabilizam as vaias do Festival Internacional da Canção — uma tentativa da TV Globo do Rio de seguir a TV Record de São Paulo, de que nós nunca chegamos propriamente a participar, e que, de resto, nos parecia absolutamente desinteressante —, vaias que atingiram Chico (junto com Tom) por razões de outra ordem, para dar a impressão de que naquele tempo era assim mesmo, que nós nos agredíamos mutuamente através de nossos imensos públicos antagônicos. Até que fôssemos presos e exilados, o público predominantemente estudantil desses programas esteve coeso contra nós. Deixei de falar com o jornalista Zuenir Ventura por ele ter pedido meu depoimento sobre o período — mormente sobre o episódio da suposta vaia de Gil a Chico — e depois ter publicado um livro em que não só meu veemente desmentido não parece ter sido levado em conta como também esse quadro de duas forças rivais de mesmo peso se enfrentando se reitera. Um quadro no qual os artigos de Augusto aparecem injustos e desproporcionais. Exatamente o contrário do que eles foram.

Claro que havia uma agressividade necessária contra o culto unânime a Chico em nossas atitudes. Quando gravei, em 69, a "Carolina" num tom estranhável, eu claramente queria, entre outras coisas, relativizar a obra de Chico (embora não fosse essa, ali, a principal motivação). Gil, numa entrevista dada a Marisa Alvarez Lima pouco antes de irmos para Londres (cujo conteúdo só vim a conhecer recentemente), fez questão de frisar a intenção crítica da minha escolha. Seria desnecessário fazê-lo, se se pensa na referência a "A banda" na letra de "Tropicália", no esboço de paródia dessa mesma canção embutido em "Alegria, alegria", e na menção à própria "Carolina" na letra de "Geleia geral". A mera valorização que fazíamos do trabalho de Paulinho da Viola implicava um grito de independência em relação à hegemonia do estilo buarquiano: tal como Chico, Paulinho voltava-se para o samba tradicional, mas, diferentemente dele, fazia-o sem o filtro da bossa nova. Com efeito, embora menos profícuo e muito menos dotado, como poeta, do que Chico, Paulinho era um caso milagroso em nossa geração: ele não parecia sequer ter ouvido João, Tom ou Lyra. Como era jovem, mostrava-se também disposto a partir para experimentações e inovações, mas estas não nasceriam — como tudo meu, de Edu, de Chico, Gil ou Jorge Ben — do universo estético pós-bossa nova. Isso dava um encanto especial a suas criações. E nossa insistência em ressaltar sua importância (eu o fazia desde o artigo da *Ângulos*, de 65) punha também a questão da volta à tradição em perspectiva diferente da consensual, que tinha Chico como a síntese final da dialética da composição de música popular no Brasil. Não é, portanto, despropositada nem surpreendente a reação magoada que Chico externou numa entrevista ao *Pasquim* em sua volta da Itália, depois de anos de autoexílio. Entrevista que, aliás, ele quis excluir da seleção feita pelo *Pasquim* para publicação em livro. É preciso ter em mente que a glória indiscutível de Chico nos anos 60 era um empecilho à afirmação do nosso projeto. Porque, em princípio, todos os seus apoiadores (que eram virtualmente todos os brasileiros) deveriam nos rejeitar. O máximo que podíamos fazer — o que Gil tentou fazer naquele episódio desastrado — era mostrar a quem ia se tornando partidário de nossa visão que não era preciso agredir Chico para afirmá-la. Porque estávamos seguros de que a criação de Chico, ela mesma, ganharia com a relativização — além de ser estimulada por novos desafios. A imprensa naturalmente preferia acompanhar as manifestações mais infelizes, que dessem uma impressão de disputa mesquinha — no que não estava necessariamente errada, pois o jornalista não deve mesmo estar disposto a crer na complexidade das boas intenções das celebridades que ele ajuda a criar. Muito do absurdo que se lê nos jornais é a voz inconsciente dos agentes dos fatos relatados e não apenas a maquiavélica maquinação dos donos de jornal e a mediocridade de um ou outro miserável que precisa segurar seu emprego nas redações. Mas isso não quer dizer que eu deva, de minha parte, me submeter às versões sinistras que resultam de sua atividade. Apenas que é preciso saber ler os jornais de modo psicanalítico. Ainda hoje parece aos jornalistas mais voluptuosos extrair uma farpa de uma fala minha contra Chico (ou vice-versa) do que examinar o sentido de toda essa dificuldade ter resultado num crescimento da produtividade dele como da nossa — além de um amadurecimento e aprofundamento da nossa amizade. Não é de forma nenhuma o caso de termos estado brigando no passado e estarmos posando de sempre amiguinhos agora. Chico foi, em todas as oportunidades, o mais elegante, discreto e generoso de todos os nossos colegas. Conheço-o bem e sempre soube que é isso que ele é, além de um virtuoso das rimas e dos ritmos verbais: um sujeito excepcionalmente elegante, discreto e generoso. À época mesma em que o enfrentamento de nossos projetos se deu, eu não tinha dele outra imagem. A imprensa e a "opinião pública", porém, prefeririam crer numa disputa caricatural. A briga real com Vandré, por exemplo, tem sido, no entanto, perfeitamente ignorada pela imprensa, agora como então. Simplesmente não era excitante o suficiente — e era real, ou seja, muito complexa para ser acompanhada. Toda energia precisava (precisa) estar dedicada a empobrecer as relações entre os "grandes". Com isso, força-se o esquecimento de uma conquista estética, profissional e humana de que o Brasil não poderia abrir mão. Esta a razão de meu tom revoltado quando abordo a questão.

Vanguarda

Nos anos 70, um amigo meu de Salvador, Breno, filho do meu antigo professor de história da filosofia, Auto de Castro, supondo que ia me ofender em minha possível ortodoxia concretista, me disse que não dava valor a inovações ou invenções no campo da arte. E me citou não sei quem que teria dito que Bartók era "o menos inovador e o mais original dos grandes músicos modernos". Breno era ainda um menino então. E isso só reforçava a inteligência da citação que ele escolhera para destruir meus prováveis argumentos. Eu, como não pertencia a nenhuma ortodoxia, em vez de contrapor o que quer que fosse ao que ele me disse, fiquei comentando a beleza sagaz da tirada, e tivemos assim uma conversa prazerosa. A natureza quantitativa dos critérios de julgamento dos concretos — a classificação poundiana de "inventores, mestres e diluidores", a teoria da informação de Abraham Moles, as análises jakobsonianas, o pensamento de Max Bense etc. — deixa sempre a impressão de que se está negligenciando o que de fato interessa em arte, ou seja, impor qualidades de percepção do mundo. Com efeito, desde os primeiros textos teóricos do movimento, eles ridicularizaram o "inefável" e o "sublime". No entanto, ao ler, muitos anos depois, a afirmação de Augusto de Campos de que, ao contrário do filósofo que aconselha calar-se o que não pode ser dito (Wittgenstein), o poeta deve continuar "dizendo o indizível", encontrei antes coerência do que contradição entre esta eleição do indizível e aquela rejeição do inefável. Pouco importa que as duas palavras sejam, tudo apurado, sinônimas: por trás dos *close readings* e da estatística de vogais e consoantes, é o fenômeno sensível e qualitativo que tem a última palavra. Como disse Décio Pignatari em *Comunicação poética*, seu lindíssimo manual para jovens interessados em poesia, "aqui pode-se ensinar como se faz um poema, mas não como se faz um poeta". Se eles defendem uma objetividade que protege a apreciação poética contra os caprichos e a irracionalidade é porque sabem que aqueles e esta servem frequentemente à manutenção de hábitos arraigados que resultam em servidão para o poeta. Quando Augusto, defendendo o alegado cerebralismo dos "metafísicos" ingleses, diz que "a verdadeira função ética" do poeta implica uma "recusa a se deixar transformar em objeto, a permitir que façam dele uma juke box de titilações sentimentais", está dando uma pista para que qualquer bom entendedor possa discernir entre poesia e guerrilha estética no concretismo.

Assim, na "família dispersa" de poetas "bracejando" no espaço-tempo sincrônico, os concretos salientam os nomes daqueles que representam essa defesa da lucidez da linguagem — poetas "do código" antes que "da mensagem" —, aqueles que, nas palavras de Augusto, "lutaram sob uma bandeira e um lema radicais — a invenção e o rigor". Aqui ressurge enriquecida a afirmação esquemática de que "o antigo que foi novo é tão novo quanto o mais novo novo". Hoje há muita gente se perguntando o que é que afinal significou o modernismo, em que medida Webern pode obsoletar Brahms, ou que sentido devemos dar ao fato de que John Cage — jogando moedinhas do I Ching e lendo *Finnegans Wake* ao acaso — seja considerado o mais criativo músico do fim do século. Lembro de uma conversa que tive com Augusto em Amaralina no início dos anos 70, em que eu lhe expunha os para mim impressionantes arrazoados de Lévi-Strauss contra a música atonal, concreta ou dodecafônica, na ouverture de *Le cru et le cuit*. Augusto, embora acompanhando com admiração e interesse a inteligência dos argumentos, respondeu impassível: "Todas essas coisas são muito bem pensadas, mas quem decide o que é melhor para a música são os melhores músicos. Há sempre algo que só é perceptível para quem está com a mão na massa". Pode-se ver nas *Demoiselles d'Avignon* um protesto contra a vulgarização da vida (saudades do Ancien Régime?), uma premonição dos horrores das guerras modernas, uma adaptação psicológica à disparada da tecnologia e à mudança dos valores morais ("novo sistema nervoso"), ou um gesto de libertar o olho do academicismo esterilizante: a intuição de Picasso — aquilo que só está por inteiro na própria obra — necessariamente vai além dessas conjecturas, sejam elas tomadas em separado ou todas em conjunto. Augusto, naquele dia em Amaralina, estava me dando uma chave para lidar com os problemas deste nosso mundo pós-utópico (como Haroldo preferiu chamá-lo num artigo dos anos 80).

Em 68, Augusto mostrou-se impressionado com as declarações arrancadas por um repórter a Paul McCartney de entusiasmo por Stockhausen. Ouvindo, nos anos subsequentes, o pop doce e desossado que Paul produziu — e a enxurrada de canções programadamente digestivas ou programadamente transgressivas que se seguiram ao espetacular crescimento do mercado de música pop depois dos Beatles —, pode-se imaginar o fastio e o dessabor de um homem como Augusto diante da canção popular. E os tropicalistas não estiveram fora da roda. Eles mesmos — nós... — teriam cedo ou tarde que exibir, de forma mais ou menos nobre em cada caso, as marcas de origem da atividade que escolheram: produção de canções banais para competir no mercado. (Sendo que, no Brasil, o crescimento desse mercado significa, em si mesmo, uma conquista nacional.) Augusto segue combatendo pela música impopular: Boulez, Stockhausen, Berio, Varèse e Cage — mais Giacinto Scelsi, Luigi Nono, Ustvólskaia etc. A resistente impopularidade da música culta mais inventiva é realmente uma esfinge. (Otto Maria Carpeaux escreveu que a música sempre esteve na retaguarda.) E o lampejo de euforia de Augusto em face do possível (mas não ulteriormente desenvolvido) interesse do jovem McCartney por Stockhausen em 68 era a fugaz esperança de decifração do enigma. *Produssumo*, como já disse, foi a palavra inventada pelo outro concretista Décio Pignatari para definir uma era em que procedimentos de vanguarda se davam em top-hits de pop-rock. Um dos problemas mais instigantes da vanguarda — e o que faz muitos artistas instigantes fugirem dela como o diabo da cruz — é sua dúbia disposição em face da ambição, que lhe é intrínseca, de tornar-se a norma. Recentemente ouvi de Arto Lindsay que os músicos e produtores dessas formas mais em voga de dance music (techno) são consumidores vorazes justamente desse repertório heroicamente defendido por Augusto. Assim, muito mais do que Paul pode ter ouvido Stockhausen, esses garotos ouvem Varèse e Cage, Boulez e Berio. E, me diz Arto, só falam nisso. O que pensar? Nos anos 70, vozes conservadoras (e muito úteis) já se levantavam para protestar contra "o modernismo nas ruas". Mas onde e como se formará o ouvido coletivo naturalmente familiarizado com a música dos pós-serialistas ou pós-dodecafônicos? E que mundo será esse em que uma música assim soe como música ao ouvido de "todos"? Ao ver quadros de Monet, meu filho de cinco anos comentou que eles eram "muito malfeitos se vistos de perto", embora "parecessem bem-feitos" se olhados à distância. Eu próprio não sei dizer exatamente por que a música de Webern (sobretudo a mais radical) me pareceu indiscutivelmente bela desde a primeira audição. Serão os garotos da techno-dance um embrião de minoria de massa? O que acontecerá ao ouvido tonal tal como o conhecemos se o fracasso de público da música mais impopular for superado? Quando eu vi MTV pela primeira vez, em Nova York, escrevi um artigo intitulado "Vendo canções" (intencionalmente usando os dois sentidos da palavra *vendo*) em que faço perguntas um pouco mais superficiais mas que apontam na mesma direção: os procedimentos de filmes de vanguarda, jogados no lixo pelo cinema sério e pelo comercial, tinham finalmente se refugiado ali naqueles filmecos de rock'n'roll, que eram a um tempo ilustrações erráticas das canções e anúncios dos discos correspondentes. Hoje não aguento assistir a vídeos de rock por muito tempo: o excesso de imagens esforçando-se por parecerem bizarras me entedia, sobretudo na velocidade em que são editadas. Mas a questão permanece: as referências ao *Chien andalou* ou a *Metropolis* — e todo o permanente parentesco com *Le sang d'un poète*, de Cocteau — estão num vídeo de rock exatamente e apenas como formas de Mondrian na minissaia de uma puta ou só agora o "modernismo" ou as "vanguardas" começam a perder direito a esses nomes de ruptura?

Diante do realismo desencantado (na verdade ardendo de excitação retrógrada e pré-humanista) dos comentaristas aparentemente corajosos, prefiro continuar amando o que foi conquistado pelos modernismos e todos os seus desdobramentos. Diante da capitulação às leis narrativas de Hollywood, continuo festejando Godard. Diante dos jornalistas que atacam os filósofos franceses e alemães porque eles não escrevem de modo anglofilamente "claro" (jornalístico), louvo Heidegger escrevendo sobre Nietzsche, e Deleuze sobre Proust. Saúdo a chegada de Arnaldo Antunes e Carlinhos Brown e Chico Science contra a crítica que se submete (explicitamente!) ao número de cópias vendidas de um CD ou à intensidade e duração dos aplausos em salas de espetáculo. E essa força, que para mim significa vida, eu a devo em grande parte aos poetas concretos. Sem falar no fato de que eles, em seu resgate do barroco e sua redescoberta de figuras mais ambiciosas e inventivas do que muitas das que ocupam tradicionalmente a corrente central da história da literatura brasileira, enfatizaram, como disse o historiador norte-americano Richard M. Morse, "uma nova leitura da cultura americana não mais calcada em termos de uma imagística genealógica de troncos, galhos e rebentos que apontam para uma formação gradual de 'identidades' transatlânticas". É a força da visão sincrônica. E a superação da oposição centro/periferia.

Antropofagia

Essa visão é a grande herança deixada pelo modernista Oswald de Andrade.

Oswald foi, juntamente com Mário de Andrade, a liderança intelectual do movimento modernista brasileiro, lançado escandalosamente em São Paulo em 22, com uma semana de recitais e exposições que suscitaram admiração, susto e horror — e lançaram as bases de uma cultura nacional. As pintoras Tarsila do Amaral e Anita Malfatti, o músico Villa-Lobos, e outros poetas e escritores como Menotti del Picchia, Plínio Salgado e Cassiano Ricardo também foram figuras centrais do movimento. Enquanto Mário de Andrade — cujo nome eu ouvia constantemente pronunciado pelos meus colegas nacionalistas — tinha sido a figura responsável, normativa e organizadora do modernismo, Oswald — cujo nome eu só ouvira ser pronunciado duas vezes: por meu colega de classe Wanderlino Nogueira Neto no curso secundário, e naquela conversa entre Rogério e Agrippino sobre *Panamérica* — representara a fragmentação radical, a força intuitiva e violentamente iconoclástica.

Meu encontro efetivo com esse autor se deu através da montagem de uma peça sua, inédita desde os anos 30, pelo grupo de teatro Oficina. Eu vira um espetáculo do Oficina — *Os pequenos burgueses* de Górki — em 65, na época em que Bethânia estava com o *Opinião* em

São Paulo. A montagem me encantara. O estilo do diretor José Celso Martinez Corrêa era ao mesmo tempo mais tradicional e mais sutil do que o de Boal. Lembro que, ao sair do teatro, pensei em como era problemático que eu gostasse talvez mais daquilo do que do meu querido *Arena conta Zumbi*. O *Zumbi* era um passo, uma conquista, não havia dúvida, mas em *Os pequenos burgueses* do Oficina havia uma sensibilidade que me reportava aos espetáculos da Escola de Teatro da Bahia de Eros Martim Gonçalves e do Teatro dos Novos de João Augusto Azevedo. Uma sensibilidade que o *Zumbi*, muito mais esquemático, não mostrava. E foi a visão de *Os pequenos burgueses* de Zé Celso — muito cheio de nuances, muito "europeu" — que me deu a percepção de que o *Zumbi* de Boal era americano, broadwayesco. Fui ver *O rei da vela* — a peça de Oswald de Andrade que o Oficina tirava de um ostracismo de trinta anos — cheio de grande expectativa. Mas não imaginava que iria encontrar algo que era ao mesmo tempo um desenvolvimento dessa sensibilidade e uma sua total negação.

Zé Celso se tornou, aos meus olhos, um artista grande como Glauber. Se a própria função de diretor de teatro indica um status menos autoral do que a de cineasta — e, de fato, aquela noite significou para mim mais um encontro com Oswald do que com Zé Celso —, era inegável que, possuidor, como Glauber, de uma intensa chama própria, Zé Celso tinha uma firmeza de mão no acabamento com que Glauber nem poderia sonhar. Seu desembaraço artesanal lhe permitia fazer o espectador sentir o espaço de acordo com a intenção poética profunda que lhe inspirara esta ou aquela disposição cênica, esta ou aquela movimentação de corpos, vozes e luz. O canhestro em Glauber muitas vezes intensifica a mensagem estética — Zé Celso produzia tais intensificações em acordo íntimo com seu gosto e sua capacidade de controle dos meios. A peça continha os elementos de deboche e a mirada antropológica de *Terra em transe*. O primeiro ato recebera um tratamento de gosto expressionista, com o anti-herói central, Abelardo I, atendendo em seu escritório, um a um, os devedores de seus empréstimos, que eram mantidos numa jaula e tratados às chicotadas pelo seu assistente, Abelardo II; as roupas eram escuras, as maquiagens marrons, à exceção dos dois Abelardos, que tinham os rostos pintados de branco, como palhaços. O segundo ato era uma chanchada: um painel berrantemente colorido representava em traços meio cubistas, meio infantis, a baía de Guanabara, no Rio, onde Abelardo I confraternizava com a família de sua mulher Heloísa de Lesbos: a gorda mãe que ouve galanteios do genro; o irmão integralista (nazifascista); a irmãzinha menor com suas luvas de boxe; o irmão veado que deplora a família (e grita a toda hora que seu "destino é pescar nos penhascos"); a avó a quem Abelardo dedica versos de Lamartine (...Babo, o compositor de sensacionais marchinhas carnavalescas dos mesmos anos 30 em que a peça foi escrita); o visitante americano (numa primeira — e mais eficaz — versão do personagem caricato do agente imperialista que seria uma constante das peças do CPC da UNE nos anos 60); todos num palco giratório em que as *boutades* e as indicações das transações econômicas pessoais, familiares, de classes, nacionais e internacionais se sucediam numa agilidade e numa vivacidade de entontecer. O terceiro ato era em tom de ópera. Heloísa de Lesbos — que no primeiro ato aparecera de terno branco e fumando por uma longa piteira, e no segundo num maiô futurista prateado que fazia a atriz (Itala Nandi) parecer um robô do filme *Metropolis*, uma Barbarella, uma Modesty Blase — agora estava no centro do palco com um longo vestido negro cuja cauda ocupava o grande círculo que fora giratório no ato anterior, chorando a miséria em que caiu Abelardo (um arrivista com quem ela, "aristocrata" do café, se casara por conveniência econômica), vítima da sagacidade de seu assistente homônimo — e do imperialista americano.

Muito da força visual do espetáculo se devia a Hélio Eichbauer — que, por isso mesmo, é uma figura de grande importância na história do tropicalismo —, o jovem cenógrafo carioca que estudara na Tchecoslováquia com Sooboda. A unidade cênica de cada um desses atos só se tornou possível pela segurança técnica e imaginação inventiva desse grande artista brasileiro (cujos trabalhos enriquecem nosso teatro até hoje, e com quem tenho colaborado na criação de meus shows de música — tendo inclusive usado como ilustração de capa do meu disco *Estrangeiro* sua maquete para o cenário do segundo ato de *O rei da vela*). Mas havia uma tensão inevitável — e muito salutar para esse espetáculo inaugural da nova fase do Oficina — entre o temperamento apolíneo de Eichbauer e as ambições de Zé Celso de tornar-se mais e mais dionisíaco. Menos de um ano depois, já em 68, o diretor aceitaria a empreitada de montar *Roda viva*, peça juvenil de Chico Buarque sobre a engrenagem que cerca a criação de uma estrela de música popular, e faria disso uma experiência radical no sentido de um teatro de explosão do irracional. Muito do que se viu então foi de grande impacto e importância estética, mas, a não ser pela extraordinária montagem de *Hamlet* em 94, o nível de *O rei da vela* não foi atingido por nenhum outro espetáculo do Oficina que eu tenha visto (ele montou *Na selva das cidades*, de Brecht, e *As três irmãs*, de Tchékhov, durante meu exílio londrino) — ou do teatro brasileiro em geral.

Eu tinha escrito "Tropicália" havia pouco tempo quando *O rei da vela* estreou. Assistir a essa peça representou para mim a revelação de que havia de fato um movimento acontecendo no Brasil. Um movimento que transcendia o âmbito da música popular.

No texto de apresentação que fez imprimir no programa, Zé Celso dedicava o novo espetáculo a Glauber e à capacidade de responder à realidade da época que o Cinema Novo exibia — e de que o teatro estava carente.

E se referia a Chacrinha como teatralmente criativo e inspirador. Isso confirmava minha percepção de que o que eu vira tinha tudo a ver com o que eu estava tentando fazer em música. Depois de ver a peça, conversei com Zé Celso, a quem fui apresentado já não lembro por quem. Estávamos num restaurante frequentado por gente de teatro e de música, e por artistas em geral. Contei-lhe sobre minha canção "Tropicália" e de como eu a achava semelhante ao que ele estava fazendo. Acho que ele pediu que eu cantasse um trecho (ou recitasse a letra) da canção, pois é nítida a memória de seu comentário em tom de pergunta (uma sua marca): "O que você acha parecido é esse modo cubista de fragmentar as imagens?". Comentei a concordância no interesse por *Terra em transe* e Chacrinha. E nossa conversa animou-se com facilidade. Disse-lhe da profunda impressão que me causou o texto escolhido, e ele falou horas sobre Oswald de Andrade, ressaltando o fato de que aquela peça, mais moderna do que tudo o que se escreveu no teatro brasileiro depois dela — com sua visão erotizada da política, sua linguagem não linear, seu enfoque bruto de signos que falam por si na revelação de conteúdos-tabus da realidade brasileira —, parecia ter ficado reprimida pelas forças opressivas da sociedade brasileira — e de sua intelligentsia —, à espera de nossa geração.

Nos anos 70, li, porque o autor tinha sido meu colega na Faculdade de Filosofia, um livro do ensaísta baiano Carlos Nelson Coutinho intitulado *O estruturalismo e a miséria da razão*, em que, seguindo o pensamento de Georg Lukács, ele aponta uma ameaça à linhagem racional da filosofia ocidental — e à própria racionalidade da burguesia revolucionária ascendente —, ameaça essa vinda simultaneamente do "irracionalismo" e do "super-racionalismo" — ambos representativos de uma fase decadente da mesma burguesia. Carlos Nelson é um pensador marxista respeitado e, a despeito de nos vermos com grande raridade e sempre com brevidade, meu amigo. Ou, de qualquer modo, alguém de quem gosto. Seu livro me interessou primeiro porque eu queria ver como funcionava a cabeça de um intelectual conhecido se posta a trabalhar profissionalmente. Logo, no entanto, e à medida mesma que eu ia achando o livro mais e mais esquemático, impressionou-me o quanto me servia a carapuça. De fato, se eu fora rejeitado pelos sociólogos nacionalistas da esquerda e pelos burgueses moralistas da direita (ou seja, pelo caminho mediano da razão), tivera o apoio de — atraíra ou fora atraído por — "irracionalistas" (como Zé Agrippino, Zé Celso, Jorge Mautner) e "super-racionalistas" (como os poetas concretos e os músicos seguidores dos dodecafônicos). Uma figura, contudo — eu estava agora descobrindo em São Paulo entre 67 e 68 —, era visível por trás desses dois grupos que nem sempre se aceitaram mutuamente: Oswald de Andrade.

Uma prova de que Oswald os (nos) unia aquém ou além da "razão" é que o racionalista Boal, a quem encontrei à saída do Oficina na noite da estreia de O rei da vela, tendo me perguntado se eu havia gostado, e tendo me ouvido dizer que sim, fez o seguinte comentário: "Não adianta, Oswald de Andrade está morto e enterrado. Prefiro Vianninha", referindo-se a Oduvaldo Vianna Filho, o mais importante autor teatral saído do CPC da UNE. Boal queria dizer com isso que aquelas figuras caricatas — o "burguês decadente", o "agente do imperialismo" etc. — pelo menos faziam sentido nas peças panfletárias do CPC, onde, ainda que de forma simplista, elas eram postas numa perspectiva política, enquanto em Oswald elas serviam a uma visão anárquica de que só se depreendiam, no máximo, julgamentos morais (o burguês "corno", o jovem aristocrata "homossexual", o arrivista "filisteu" etc.). Ora, para mim Oswald estava apenas nascendo, e suas figuras pareciam disparatadas justamente porque, em vez de servir como ilustração para ideias supostamente indiscutíveis, instigavam a imaginação a uma crítica da nacionalidade, da história e da linguagem. Em breve eu descobriria que o teatro de Oswald de Andrade era a parte mais fraca de sua obra — e *O rei da vela*, talvez a parte mais fraca do seu teatro. Tudo o que eu vira ali, estava melhor posto em sua poesia, seus romances e seus manifestos.

Antes de Zé Celso, os poetas concretos vinham se encarregando de ressuscitar Oswald. Uma antologia de poemas introduzida por longo ensaio de Haroldo de Campos e um artigo de Décio Pignatari, "Marco Zero de Andrade", forçavam a reintrodução entre os protagonistas da literatura brasileira da figura de Oswald, até então envolta em silêncio ou lembrada apenas como a de um piadista inconsequente e um vanguardista "datado". Quando eu disse a Augusto o efeito que o contato com Oswald tinha produzido em mim, ele logo animou-se a me passar os textos de Décio e Haroldo, e considerou o meu entusiasmo uma confirmação a mais das afinidades entre eles, concretos, e nós, tropicalistas. Através de Augusto e seus companheiros tomei conhecimento da poesia a um tempo solta e densa, extraordinariamente concentrada de Oswald. Também, pouco depois, da sua revolucionária prosa de ficção. Sobretudo recebi o tratamento de choque dos "manifestos" oswaldianos: *Manifesto da poesia pau-brasil*, de 24, e, principalmente, *Manifesto antropófago*, de 28. Esses dois textos de extraordinária beleza são ao mesmo tempo um *aggiornamento* e uma libertação das vanguardas europeias. Filhos, como os manifestos europeus, do futurismo de Marinetti, sendo o primeiro deles anterior aos surrealistas, eles eram também uma redescoberta e uma nova fundação do Brasil. Mais violentamente ainda do que Antonio Candido décadas depois, Oswald se referia à literatura brasileira como "a literatura mais atrasada do mundo". Não era por deixar de observar isso que ele se sentia livre para dizer, no primeiro dos manifestos: "Apenas brasileiros de nossa época.

O necessário de química, de mecânica, de economia e de balística. Tudo digerido. Sem meeting cultural. Práticos. Experimentais. Poetas".

O segundo manifesto, o *Antropófago*, desenvolve e explicita a metáfora da devoração. Nós, brasileiros, não deveríamos imitar e sim devorar a informação nova, viesse de onde viesse, ou, nas palavras de Haroldo de Campos, "assimilar sob espécie brasileira a experiência estrangeira e reinventá-la em termos nossos, com qualidades locais ineludíveis que dariam ao produto resultante um caráter autônomo e lhe confeririam, em princípio, a possibilidade de passar a funcionar por sua vez, num confronto internacional, como produto de exportação". Oswald subvertia a ordem de importação perene — de formas e fórmulas gastas — (que afinal se manifestava mais como má seleção das referências do passado e das orientações para o futuro do que como medida da força criativa dos autores) e lançava o mito da antropofagia, trazendo para as relações culturais internacionais o ritual canibal. A cena da deglutição do padre d. Pero Fernandes Sardinha pelos índios passa a ser a cena inaugural da cultura brasileira, o próprio fundamento da nacionalidade.

A ideia do canibalismo cultural servia-nos, aos tropicalistas, como uma luva. Estávamos "comendo" os Beatles e Jimi Hendrix. Nossas argumentações contra a atitude defensiva dos nacionalistas encontravam aqui uma formulação sucinta e exaustiva. Claro que passamos a aplicá-la com largueza e intensidade, mas não sem cuidado, e eu procurei, a cada passo, repensar os termos em que a adotamos. Procurei também — e procuro agora — relê-la nos textos originais, tendo em mente as obras que ela foi concebida para defender, no contexto em que tal poesia e tal poética surgiram. Nunca perdemos de vista, nem eu nem Gil, as diferenças entre a experiência modernista dos anos 20 e nossos embates televisivos e fonomecânicos dos anos 60. E, se Gil, com o passar dos anos, se retraiu na constatação de que as implicações "maiores" do movimento — e com isso Gil quer dizer suas correlações com o que se deu em teatro, cinema, literatura e artes plásticas — foram talvez fruto de uma superintelectualização, eu próprio desconfiei sempre do simplismo com que a ideia de antropofagia, por nós popularizada, tendeu a ser invocada.

O psicanalista italiano Contardo Calligaris escreveu, no início dos anos 90, um livro sobre o Brasil em que coloca a ideia de antropofagia cultural, que ele encontrou disseminada nos meios psicanalíticos brasileiros, como um mito que, além de nocivo, é sintoma da nossa doença congênita de não filiação, de ausência de um "nome do pai", de falta de um "significante nacional brasileiro". Mas sua argumentação só me parece aceitável se considerarmos que ele está ali agredindo um uso que se fez de tal mito e que lhe pareceu contribuir para a manutenção de um estado de coisas lastimável, não a intuição mesma de Oswald em sua perspectiva própria. Trazer de volta — como ele fez — ao meramente orgânico o ato antropofágico ritual que Oswald emprestava dos índios (comer partes do corpo do inimigo admirado para adquirir-lhe a bravura, a destreza e as virtudes morais) como receita de um comportamento criativo em tudo diferente do que frequentemente se faz no Brasil — nos congressos psicanalíticos ou fora deles — era forçar a mão para, numa sanha diagnosticadora, meter num mesmo saco a mediocridade dos misturadores de informações mal assimiladas e o gesto audaz de um grande poeta.

Era também agir como se a antropofagia fosse um programa prescrito por Oswald nos anos 20 e posto em prática até nossos dias com resultados desastrosos. Na verdade, são poucos os momentos na nossa história cultural que estão à altura da visão oswaldiana. Tal como eu a vejo, ela é antes uma decisão de rigor do que uma panaceia para resolver o problema de identidade do Brasil. A poesia límpida e cortante de Oswald é, ela mesma, o oposto de um complacente "escolher o próprio coquetel de referências". A antropofagia, vista em seus termos precisos, é um modo de radicalizar a exigência de identidade (e de excelência na fatura), não um drible na questão. Nós tínhamos certeza de que João Gilberto (que, ao contrário das "fusões" tipo maionese, para usar a palavra escolhida por Calligaris, criou um estilo novo, definido, fresco, inaugural por seus próprios méritos) era um exemplo claro de atitude antropofágica. E queríamos agir à altura.

Detenho-me no comentário desse livrinho despretensioso, porque nele se formulou a mais decidida rejeição à moda antropofágica de que, como já disse, nós, tropicalistas, fomos os mais eficazes divulgadores. Calligaris diz que seu livro nasceu de uma paixão pelo Brasil (e por uma mulher brasileira...), país ausente de suas cogitações até que um convite profissional o trouxe aqui. E, psicanalista, observa que a melhor maneira de ajudar esse país amado a superar sua falência como projeto é jogar-lhe na cara sua desesperança fatal. "Brazil is hopeless", escrevia, sem demonstrar o mesmo desejo de ajudar de Calligaris (embora ela também estivesse aqui porque se apaixonara por uma mulher brasileira), a poetisa americana Elizabeth Bishop. No livro de Calligaris, de resto, há um tom agradável e observações úteis revelando uma inteligência responsável e generosa. A própria tese central do livro, se ele é considerado na condição provisória de um livro "de viagem", como pede o autor, ilumina o pensamento dos que têm tomado o Brasil como questão. O colonizador (que deixou a terra-mãe para exercer a potência do pai sem interdito na nova terra) e o colono (o imigrante que veio esperando do colonizador uma interdição paterna que fundasse uma nova nacionalidade, e só encontra um uso escravo do seu corpo, confundido pelo colonizador, como o corpo dos negros, com a terra que deve ser exaurida sem limites) são duas instâncias da mente brasileira que produzem a frase (ouvida por Calligaris num período em que ela parecia uma aberração aos próprios brasileiros, pois era então uma novidade — o que não quer dizer que não se possa tomá-la, como ele o fez, por um sintoma): "Este país não presta".

O nome mesmo do país, Brasil, lhe parece destituído de valor: "que eu saiba, o único que não designa nem uma longínqua origem étnica, nem lugar, mas um produto de exploração, o primeiro e completamente esgotado". Assim, tudo no Brasil — do rapaz que passa a mão na sua bunda no Carnaval da Bahia (sem que fique claro se ele está em busca de sexo ou de dinheiro) à dívida externa; das crianças que são tratadas como majestades ou assassinadas nas ruas, aos blocos afros que buscam no Egito absurdo de suas canções uma origem que lhes dê sentido à existência — se explica pela falta do nome do pai, de um "significante nacional". O "antropofagismo", como Calligaris prefere, teria surgido como solução para esse problema. E é por ele criticado duramente por substituir pelo tubo digestivo (que todos sabem onde vai dar...) o UM que o Brasil nunca conseguiu se fazer. E essa substituição, afinal, seria uma sugestão do colonizador ao colono no sentido de tomar como UM nacional o corpo escravo que se oferece: o Brasil seria assim exótico não só para os turistas como também para os brasileiros.

Ora, tudo isso tem a ver com o tropicalismo. Mas se a psicanálise brasileira tivesse um João Gilberto a conversa seria outra. O livro de Calligaris presta como provocação. E, acima de tudo, revela uma vontade corajosa de conhecer o corpo e a alma desse país encontrado no caminho. A interpretação que ele dá do cinismo com que os livros didáticos brasileiros tratam as figuras históricas (sobretudo o episódio da vinda de d. João VI, que foi forçado a deixar Portugal quando Napoleão bloqueou a Inglaterra, a qual ele apoiava com corajosa fidelidade — e é resumido nos livros escolares a um mero "d. João tinha dívidas com a Inglaterra e interesses comerciais" —, passando a ser conhecido no Brasil como "o rei fujão") como resultante da visão brasileira de que o "único motor da ação humana pudesse ser o apetite de um gozo direto da coisa" é excelente. Tanto o tom provocativo quanto a coragem de ir assim fundo no desvendamento do Brasil são aspectos que aproximam o livro de Calligaris do tropicalismo (que ele não cita) e da antropofagia (que ele desanca). Seria o caso, no entanto, de perguntar como Calligaris interpretaria o fato de essa mesma antropofagia, que ele conheceu triunfante, ter sido, de todas as contribuições dadas pelos modernistas, a que encontrou maior resistência, na verdade uma rejeição total, ficando reprimida desde os anos 20 até o final dos anos 60. E mais: já que esses valores dos 60 estão desacreditados — o livro de Calligaris contribui muito para isso com sua mensagem anti-Paradise-Now, antiprincípio-do-prazer, seu realismo psicanalítico conservador —, ele deve talvez reconsiderar o diagnóstico. Se a antropofagia era tão mau sintoma, aparentemente o Brasil tem anticorpos poderosos contra ela, uma vez que foi o maior fracasso do movimento de 22, e o bom senso já a penaliza, mal ela ensaia uma volta no concretismo, no tropicalismo etc. Mas eu também sei ser realista — Oswald também sabia — e considero bem-vindo o refluxo conservador. Por isso aceito a provocação e valorizo esse livro tão amigo quanto discordante. Entendo que, sendo seu autor psicanalista, e tendo sua chegada ao Brasil coincidido com o final da voga neoantropofágica desencadeada pelo tropicalismo (pelo visto ele encontrou os últimos estertores dessa onda nos meios psi), ele naturalmente reagiu ao que ouviu: aquilo pode ter ficado calado no inconsciente brasileiro desde sempre, mas foi "dito" — e o analista chegou a tempo de ouvir pelo menos o seu eco.

No entanto, há pertinência em notar na Tropicália (na esteira da Antropofagia) uma tendência a tornar o

Brasil exótico tanto para turistas quanto para brasileiros. Sem dúvida eu próprio até hoje rechaço o que me parecem tentativas ridículas de neutralizar as características esquisitas desse monstro católico tropical, feitas em nome da busca de migalhas de respeitabilidade internacional mediana. Claro que reconheço que reflexos de um turbante de bananas não seriam particularmente úteis à cabeça de um pesquisador de física nuclear ou de letras clássicas que tivesse nascido no Brasil. Apenas sei que este fato "Brasil" só pode liberar energias criativas que façam proliferar pesquisadores de tais disciplinas (ou inventores de disciplinas novas) se não se intimidar diante de si mesmo. E se puser seu gozo narcísico acima da depressão de submeter-se o mais sensatamente possível à ordem internacional. Quando *Orfeu do Carnaval* estreou eu tinha dezoito anos. Assisti a ele no Cine Tupi (!), na Baixa dos Sapateiros (!), na Bahia. Eu e toda a plateia ríamos e nos envergonhávamos das descaradas inautenticidades que aquele cineasta francês se permitiu para criar um produto de exotismo fascinante. A crítica que os brasileiros fazíamos a esse filme pode ser resumida assim: "Como é possível que os melhores e mais genuínos músicos do Brasil tenham aceitado criar obras-primas para ornar (e dignificar) uma tal enganação?". É notório que Vinicius de Moraes, autor da peça em que o filme se baseou, saiu irado da sala de projeção durante uma sessão promovida pelos produtores antes da estreia. O fascínio, sem embargo, funcionou com os estrangeiros: não só o filme pareceu (a pessoas dos mais diferentes níveis culturais) uma comovedora versão moderna e popular do mito grego como também uma revelação do país paradisíaco em que ela era encenada. Quando o tropicalismo chegou, o filme já estava esquecido no Brasil. Mas quando chegamos a Londres em 69, os executivos de gravadoras, os hippies e os intelectuais que conhecemos, todos, sem exceção, se referiam entusiasticamente a *Orfeu do Carnaval* tão logo eram informados de que éramos brasileiros. Sentíamos ainda um pouco de vergonha, mas atender ao pedido de cantar "Manhã de Carnaval" muitas vezes compensava. Ainda hoje não param de se repetir as narrativas de descobertas do Brasil por estrangeiros (cantores de rock, romancistas de primeira linha, sociólogos franceses, atrizes debutantes), todas marcadas pelo inesquecível filme de Marcel Camus. Elizabeth Bishop, em suas cartas do Rio, num primeiro momento — possivelmente por ser poeta e por morar por muito tempo no Brasil — esforçou-se para convencer seus amigos americanos (Robert Lowell incluído) de que o filme era, ao contrário do que lhes parecia, mau, embora a música fosse excelente; mas em breve ela se distanciava dos brasileiros no seu julgamento, ao desmerecer as canções do filme (a princípio louvadas) por não serem a "autêntica" música das favelas cariocas. John Updike, em parte por causa desse *Orfeu*, escreveu um livro chamado *Brazil*, com o qual não se saiu muito melhor do que o cineasta Camus. Só Jean-Luc Godard escreveu, à época mesma do lançamento do filme, um artigo crítico em tudo justo com o cinema, a poesia, o mito de Orfeu e a cidade do Rio de Janeiro. Um artigo que os tropicalistas gostariam de assinar. Mas só vim a tomar conhecimento desse artigo já nos anos 70, de volta à Bahia. Nesse meio-tempo, a revisão crítica tropicalista que o filme sofreu dizia respeito sobretudo a um aprofundamento do estudo do olhar do estrangeiro sobre nós — e das sutilezas de amor e guerra com o exotismo.

Surpreendi-me escrevendo, para a introdução deste livro, que o Brasil é, para mim como para os brasileiros tal como os vejo e sinto, antes de tudo um nome. (Isso foi o que me fez lembrar do livro do psicanalista italiano.) Todos os brasileiros temos a impressão de que o país simplesmente não tem senso prático. É como um pai de coração bom e nome honrado a quem respeitamos mas que não consegue dinheiro ou um trabalho estável, perde grandes oportunidades, se embriaga e se mete em complicações. O nome do Brasil não apenas me parece, por todos os motivos, belo, como tenho dele desde sempre uma representação interna una e satisfatória. O analista italiano diz que é característico do brasileiro ser nomeado irresponsavelmente, sem vínculo simbólico com, por exemplo, o santo correspondente ao dia do seu nascimento. Meu nome é Caetano porque nasci no dia de são Caetano, em louvor do qual minha mãe manda celebrar missa todos os anos, mesmo na minha ausência. Nunca me senti uma exceção por causa disso. Santo Amaro não tinha ricos nem pobres e era bem urbanizada e tinha estilo próprio: todos se orgulhavam com naturalidade de ser brasileiros. Achávamos a língua portuguesa bela e clara. Dizíamos de bom grado que o francês (que aprendíamos no ginásio) era talvez uma língua ainda mais bela, e que o italiano (que ouvíamos frequentemente nos filmes) seguramente o era (o espanhol dos filmes mexicanos nos parecia bastante ridículo). Julgávamos o inglês fácil como matéria de estudo por possuir verbos pouco flexionados, mas implicávamos com as discrepâncias entre escrita e pronúncia, e lhe achávamos a sonoridade antes canina do que humana, embora os filmes e as canções nos atraíssem mais e mais para ele. Quase todo o mundo era visivelmente mestiço. Que o país fosse pobre não era uma vergonha (embora eu passasse depois a torcer para que ele enriquecesse). Supúnhamos que éramos pacíficos, afetivos e limpos. Era inimaginável que alguém nascido aqui quisesse viver em outro país.

O tropicalismo começou em mim dolorosamente. O desenvolvimento de uma consciência social, depois política e econômica, combinada com exigências existenciais, estéticas e morais que tendiam a pôr tudo em questão, me levou a pensar sobre as canções que ouvia e fazia. Tudo o que veio a se chamar de tropicalismo se nutriu de violentações de um gosto amadurecido com firmeza e defendido com lucidez. Chico Buarque conta que, em sua adolescência de menino paulista de alta classe média, ele se sentiu atraído por Elvis e pelo folclore urbano da "juventude transviada". Sua rebeldia de episódico ladrão de automóvel revela essa identificação. A bossa nova trouxe-o para uma maturidade que fez dessa fase uma sua pré--história artística e pessoal. Eu me sentia num país homogêneo cujos aspectos de inautenticidade — e as versões de rock sem dúvida representavam um deles — resultavam da injustiça social que distribuía a ignorância, e de sua macromanifestação, o imperialismo, que impunha estilos e produtos. Eu ouvia e aprendia tudo no rádio, mas à medida que, ainda na infância, ia formando um critério, ia deixando de fora uma tralha cuja existência eu mais perdoava do que admitia. Chegou uma altura em que, em meu íntimo, eu não gostava nem de saxofone: achava--lhe o timbre vulgar, sem a nobreza do trombone ou da trompa, sem sequer a respeitabilidade do trompete — e sem, por outro lado, a doçura pastoral da flauta e das madeiras ou a suavidade celestial das cordas. Tínhamos um piano em casa e aprendíamos rudimentos de música com uma velha professora que sabia ensinar a ler as notas mas não os ritmos. Veio a moda nacional do acordeão. Em casa, todos, de meu pai a Bethânia — mas eu mais que todos —, achávamos esse instrumento de extremo mau gosto (exceto em sua utilização por Luiz Gonzaga na estilização da música regional nordestina). A bateria sempre me pareceu uma aberração: um apanhado grotesco de instrumentos de percussão marcial ligados por porcas e parafusos para que um homem pudesse tocá-los sozinho, como uma atração de circo. Sendo que tudo isso dentro da limitação timbrística da percussão marcial europeia, dura e brilhante, sem as sutilezas e a organicidade dos sons da tumbadora ou do bongô cubanos, da cuíca e do atabaque brasileiros (quando tomei conhecimento da percussão indiana, da balinesa, da japonesa e das muitas

ANTROPOFAGIA

africanas, esse julgamento recrudesceu). Quando a bossa nova chegou, senti minhas exigências satisfeitas — e intensificadas. Uma das coisas que mais me atraíram na bossa nova de João Gilberto foi justamente o desmembramento da bateria (a rigor não há bateria em seus discos: há percussão tocada na caixa ou no seu aro, depois, vassourinha sobre catálogo telefônico). A ausência de solos de sax também contribuiu muito. A volta da bateria como "instrumento", que ocorreu já nos anos 60 no Beco das Garrafas e no *Fino da Bossa*, com suas viradas usando pratos e tudo, me soou de uma vulgaridade extraordinária. Eu não era um extraterrestre por ter tais gostos. Apenas radicalizava dentro de mim — como João Gilberto finalmente radicalizou para todos — uma tendência de definição de estilo brasileiro nuclear, predominante. Eu sei que o próprio João adora bateria e bons bateristas e que os brasileiros em geral não os desprezam, mas não é a forma idiossincrática com que essa visão se manifestou em mim que revela seu significado: apenas a intuição de um estilo nacional novo e definido em música popular passou por esses extremos em minha fantasia.

Imagine-se com que força eu não tive que pensar contra mim mesmo para chegar a ouvir Roberto e Beatles e Rolling Stones — e mesmo Elis — com amor. Zé Celso gostava de dizer que havia um forte componente masoquista no tropicalismo. De fato havia como que uma volúpia pelo antes considerado desprezível. Mas eu — que como já contei, terminei passeando entre pilhas de latas de supermercado por prazer estético — não me entreguei a essa volúpia sem dedicar-lhe à interpretação todas as minhas horas de crescente insônia. E se, por um lado, eu não tinha tido contato direto com a arte pop americana (curiosamente Rogério nunca mencionara ou mostrara trabalhos de Warhol ou Lichtenstein), por outro, eu não contava com a fórmula antropofágica de Oswald. As aventuras da sensibilidade se deram num grande vazio.

Pois, enquanto Gil parecia ter uma identificação natural com o material vulgar da publicidade — identificação de que eu não participava, bastando dizer que ele fazia jingles desde 63 em Salvador, e eu, até hoje, não apareci em um anúncio sequer, nem mesmo permiti que qualquer canção minha fosse usada para fins publicitários —, as ideias de Rogério e de Agrippino, à medida que iam passando a servir de orientação para ações reais minhas, tiveram que se submeter a um crivo interno terrível, não sendo raras as vezes em que, na solidão, eu me permitia desconfiar da autenticidade de suas reações, frequentemente prometendo a mim mesmo que nunca aceitaria neles — ou em mim — a exibição de heresias e heterodoxias apenas como escândalo, sem que isso estivesse organicamente vinculado à regeneração do ambiente de música popular no Brasil.

O encontro com as ideias de Oswald se deu quando todo esse processo já estava maduro e o essencial da produção já estava pronto. Seus poemas curtos e espantosamente abrangentes, a começar pelos *ready-mades* extraídos da carta de Caminha e de outros pioneiros portugueses na América, convidavam a repensar tudo o que eu sabia sobre literatura brasileira, sobre poesia brasileira, sobre arte brasileira, sobre o Brasil em geral, sobre arte, poesia e literatura em geral.

Oswald de Andrade, sendo um grande escritor construtivista, foi também um profeta da nova esquerda e da arte pop: ele não poderia deixar de interessar aos criadores que eram jovens nos anos 60. Esse "antropófago indigesto", que a cultura brasileira rejeitou por décadas, e que criou a utopia brasileira de superação do messianismo patriarcal por um matriarcado primal e moderno, tornou-se para nós o grande pai.

Glauber parece ter sido o único a não partilhar do culto oswaldiano: talvez tivesse medo de ser assimilado a uma figura com tantos pontos em comum com ele próprio. De resto, ele já tinha feito sua escolha entre os modernistas: Villa-Lobos, com seu nacionalismo retumbante e a conquista de renome internacional, com seu talento exuberante, com seu temperamento e seus caprichos, parecia-lhe uma identificação mais adequada. A *Bachiana nº 5* ficara de tal modo vinculada ao travelling circular do beijo entre Corisco e Rosa em *Deus e o diabo na terra do sol*, que era natural que Glauber defendesse Villa-Lobos como a si mesmo. Antonio Candido define o barroco como a atitude estética em que "a palavra é considerada algo maior que a natureza, capaz de sobrepor-lhe as suas formas próprias"; no romantismo ela "é considerada menor que a natureza, incapaz de exprimi-la, abordando-a por tentativas fragmentárias"; enquanto o classicismo a considera "equivalente à natureza, capaz de criar um mundo de formas ideais que exprimam objetivamente o mundo das formas naturais". À luz dessa classificação, que me parece clara e bela, Glauber, cuja fama de barroco fingi endossar (ou melhor, endossei de fato por estar ali tomando o termo *barroco* em sua acepção menos rigorosa de "extravagante" ou "sobrecarregado" ou ainda "irregular") linhas acima, seria antes um romântico. De fato, ele não apenas sonhava em filmar a vida de Castro Alves: ele se identificava com a figura desse poeta romântico baiano que um dia entrou no teatro da ópera de Salvador a cavalo. Seu sonho de filmar *O Guarani*, romance "indianista" de José de Alencar (partindo da ópera verdiana de Carlos Gomes, o outro nome da música brasileira tornado internacional) — assim como o fato de ele dizer preferir Alencar ao indiscutível Machado de Assis —, indica sua verdadeira linhagem. Seus filmes, irregulares e fora de controle, sugerem uma intuição da realidade demasiado genial para ser reordenada numa peça coerente. A genialidade dessa intuição é confirmada e complementada pelos gestos exteriores ao filme, pela visão messiânica, pelo sofrer na carne a aventura da afirmação de um cinema nacional, e, através dele, de uma afirmação da nação no mundo. Não se trata de uma hipotética "poesia de exportação", mas de uma encarnação da vontade de exportar. Há um gosto de destino em tudo isso. O que o leva a eleger como patrono a figura de Villa-Lobos, não a de Oswald de Andrade, com cuja agressividade antiprovinciana Glauber tinha (talvez demasiados, como já afirmei) pontos de identificação. A mim, se me fosse dado o talento necessário, eu ambicionaria superar essa tensão. O problema já foi equacionado por João Gilberto: depois dele, na minha profissão não se pode aceitar nada menos do que fazer a massa mundial comer o biscoito fino que se fabrica no Brasil.

O Cinema Novo nasceu de uma ambição bífida. No início dos anos 60, jovens intelectualizados e politicamente engajados quiseram apresentar uma visão do Brasil que valesse por uma intervenção transformadora da nossa realidade social. Quiseram, por outro lado, implantar uma indústria cinematográfica entre nós. Não se podem conceber desejos mais conflitantes. Seria o caso de hoje nos admirarmos e mesmo maravilharmos do fato de os frutos da empreitada daí saída não serem nem parcos nem modestos. Ao contrário, é moda na imprensa brasileira atacar o Cinema Novo como paradigma da nossa falência como nação e povo. Pior: a julgar pelo que se lê nos jornais, o moderno cinema brasileiro é a única razão para nos envergonharmos do nosso atraso cultural. Escarnece-se dos filmes inaugurais da fase heroica por não terem comunicabilidade popular, e dos muitos que, já nos anos 70, conseguiram essa comunicabilidade, por serem medíocres — tendo ambos os grupos de filmes sido dirigidos pelo mesmo time pioneiro de diretores. No entanto, o cinema brasileiro teve presença marcante no panorama internacional nos anos 60 — tendo Glauber influenciado diretores importantes e tão díspares quanto

Pasolini e Sergio Leone, Herzog e Coppola — e o mercado interno chegou a parecer sólido e estável nos anos 70, com uma série de sucessos de bilheteria (*Toda nudez será castigada, Xica da Silva, A dama do lotação, Eu te amo, Chuvas de verão, Os sete gatinhos, Pixote* etc. etc. — sendo que Elia Kazan elogiou *Os herdeiros*, e Susan Sontag e muito mais gente louva ainda hoje *Bye bye Brasil*, ambos de Carlos Diegues), série essa coroada com o fato de *Dona Flor e seus dois maridos* ter suplantado na bilheteria o próprio *Tubarão* de Spielberg no ano de seu lançamento. A criação da Embrafilme, empresa estatal de financiamento, produção e distribuição cinematográfica, numa manobra dos cineastas do Cinema Novo com o poder do regime militar, é criticada hoje, não por uma esquerda revanchista que considere a aproximação desses diretores com a ditadura demasiadamente promíscua, mas por neoconservadores em nome do horror a estatais nacionalistas e reservas de mercado, em nome, em suma, do amor à chamada liberdade econômica. Eu, que reconheço no tropicalismo uma reverência à livre competitividade e uma desconfiança dos Estados centralizados, prefiro contabilizar as conquistas do Cinema Novo e louvar a capacidade de seus criadores de ir tão longe tanto no impor linguagens novas quanto na formação de plateias. Só uma personalidade especial como a de Glauber poderia ter liderado a marcha de ambições tão dificultosas em direção a tais conquistas. Só seu temperamento de articulador astuto aliado à identificação romântica com a figura do "gênio" poderia ser o núcleo gerador da Embrafilme, do prestígio do Cinema Novo na Europa e do surgimento do cinema marginal. E só uma eleição do modelo Villa-Lobos estimularia esse tipo de feito: não se pode imaginar Oswald de Andrade participando da fundação da Embrafilme, e Mário de Andrade — que talvez o fizesse — era uma figura sensata demais (até hoje ninguém parece se sentir à vontade para dizer que ele era veado — e os veados militantes preferem Oswald, apesar de este ter dado mostras do que hoje se chama horrivelmente de "homofobia"; e essa preferência só é abonadora para a nossa "comunidade gay"). Mas o Glauber dessacralizador e demolidor que se fez ouvir na Bahia quando se tinha que defender a vanguarda e a experimentação contra o acanhamento provinciano, esse Glauber era Oswald — e foi esse mesmo Glauber--Oswald que escarneceu da Embrafilme ao fazer, pouco antes de morrer, *A idade da Terra*, espetacular gesto marginal e perdulário em todos os sentidos, que desconcertou o coro dos contentes e o dos descontentes. O que só aumenta nossa honra em vê-lo cantando, no filme de Godard *Vento leste*, em resposta à pergunta "Para onde vai o cinema do terceiro mundo?", o refrão de "Divino, maravilhoso", canção feita em 68 por Gil e por mim.

Nós outros, os tropicalistas propriamente ditos, que tínhamos no Glauber de *Terra em transe* um inspirador comum, não precisávamos, como ele, conter, esconder ou evitar o deslumbramento com a descoberta de Oswald. Para mim, pessoalmente, era um modo de redimensionar minhas admirações literárias. O culto a João Cabral de Melo Neto não se abalou. Antes terá acontecido o que Augusto conta que se passou com os próprios concretistas: o rigor construtivo de Cabral encontrou, para eles como para mim, complementaridade na abertura oswaldiana para "a contribuição milionária de todos os erros". A deslumbrante prosa barroca de Guimarães Rosa tampouco se ressentiu do trauma. O mesmo não se pode dizer da minha admiração por Sartre ou por Clarice Lispector. Não que os textos filosóficos ou ensaísticos de Sartre tenham perdido o brilho aos meus olhos. Mas lembro de ouvir uma repreensão de Rogério por eu ter lhe declarado, no Solar da Fossa em 66, que considerava *As palavras* o melhor dos livros já escritos. (Anos depois li idêntica opinião externada por Simone de Beauvoir, mas ela, naturalmente, tinha razões muito pessoais para isso...). Rogério não apenas me disse que para ele não era assim, ele também detectou nesse julgamento uma distorção de perspectiva que denotava ignorância. Dei--lhe razão sem poder alcançar-lhe a visão. O encontro com Oswald como que me deu a dimensão dessa crítica. Quanto a Clarice, eu a idolatrava desde 59 quando, em Santo Amaro, li na revista *Senhor* o conto "A imitação da rosa". Nos primeiros anos 60, segui lendo tudo o que ela escreveu e escrevia, meu irmão Rodrigo sempre me comprando seus livros. Ao chegar ao Rio para morar, em 66, como tinha conseguido (com o ator José Wilker) seu número de telefone, decidi ligar para ela. Passei a fazê-lo com alguma regularidade. Desde a primeira vez, ela sempre parecia estar junto ao telefone esperando a ligação pois atendia mal soava o primeiro toque. Sua emissão de voz dava a impressão de imediatez de pensamento e sentimento, e suas palavras indicavam igual imediatez de percepção. Nunca nos víamos, mas mantivemos uma amizade telefônica que se desfez com um desinteresse que evidentemente surgiu nela e que coincidiu com minha mudança para São Paulo. Hoje amo sua literatura como quando eu tinha dezessete anos, mas no meio da Tropicália, sob o impacto de Oswald, ela me pareceu demasiadamente psicologizante, subjetiva e, num certo mau sentido, feminina. Esta é a primeira vez que digo isso — e talvez só o faça porque já não penso ou sinto mais assim (não *preciso* pensar e sentir assim). Na altura, nem para Augusto — que talvez aprovasse a crítica — confessei essa mudança.

Já em 68, por causa do assassinato do estudante Edson Luís por policiais, houve uma reunião ampla de artistas e intelectuais para exigir do governador da Guanabara uma atitude condizente. Eu viera de São Paulo só para isso e me encontrava em meio a uma pequena multidão de notáveis na antessala do palácio do governo, quando senti um toque em meu ombro e, voltando-me, ouvi a voz inconfundível, com seus erres guturais mesmo quando intervocálicos: "Rapaz, eu sou Clarrice Lispector". Fiquei sem palavras: encontrávamo-nos justamente quando meu crescimento intelectual tinha me afastado de sua literatura. Ela, que agora podia me reconhecer por causa da TV e das fotografias (quando nos falávamos ao telefone eu tinha uma ou duas canções lançadas por outros cantores, mas era, pessoalmente, um desconhecido), percebeu logo a natureza do desencontro e voltou-se naturalmente, deixando-me sem jeito e um tanto triste. Muitas vezes penso ainda hoje em como é significativo que o tropicalismo tenha me custado, entre outras coisas, o diálogo com Clarice.

1ª EDIÇÃO [2012] 1 reimpressão

Esta obra foi composta em Sabon por Raul Loureiro
e impressa em ofsete pela Geográfica sobre papel Pólen Soft
da Suzano S.A. para a Editora Schwarcz em abril de 2022

A marca FSC® é a garantia de que a madeira utilizada na fabricação do papel deste livro provém de florestas que foram gerenciadas de maneira ambientalmente correta, socialmente justa e economicamente viável, além de outras fontes de origem controlada.